Spring Into Summer

A coloring and activity book that all ages, skill levels, and interests can enjoy together.

Kelly A. Oehlschlager

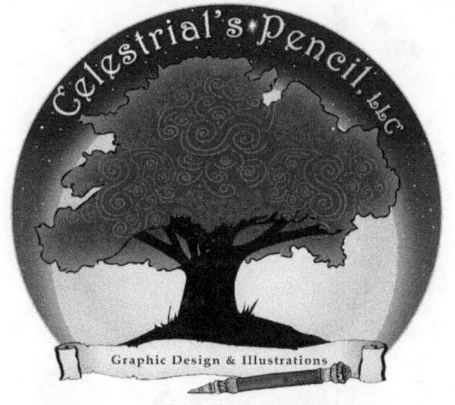

www.CelestrialsPencil.com

After enduring a long winter, we joyfully welcome back spring and summer. These dazzling seasons are when flowers bloom, trees return to green, and the sun greets us with warmer days.

This book is inspired by the beauty and fun that
spring and summer deliver.

My hope is that this book will be enjoyed by all, help create long lasting memories with family and friends, and encourage
creativity and fun.

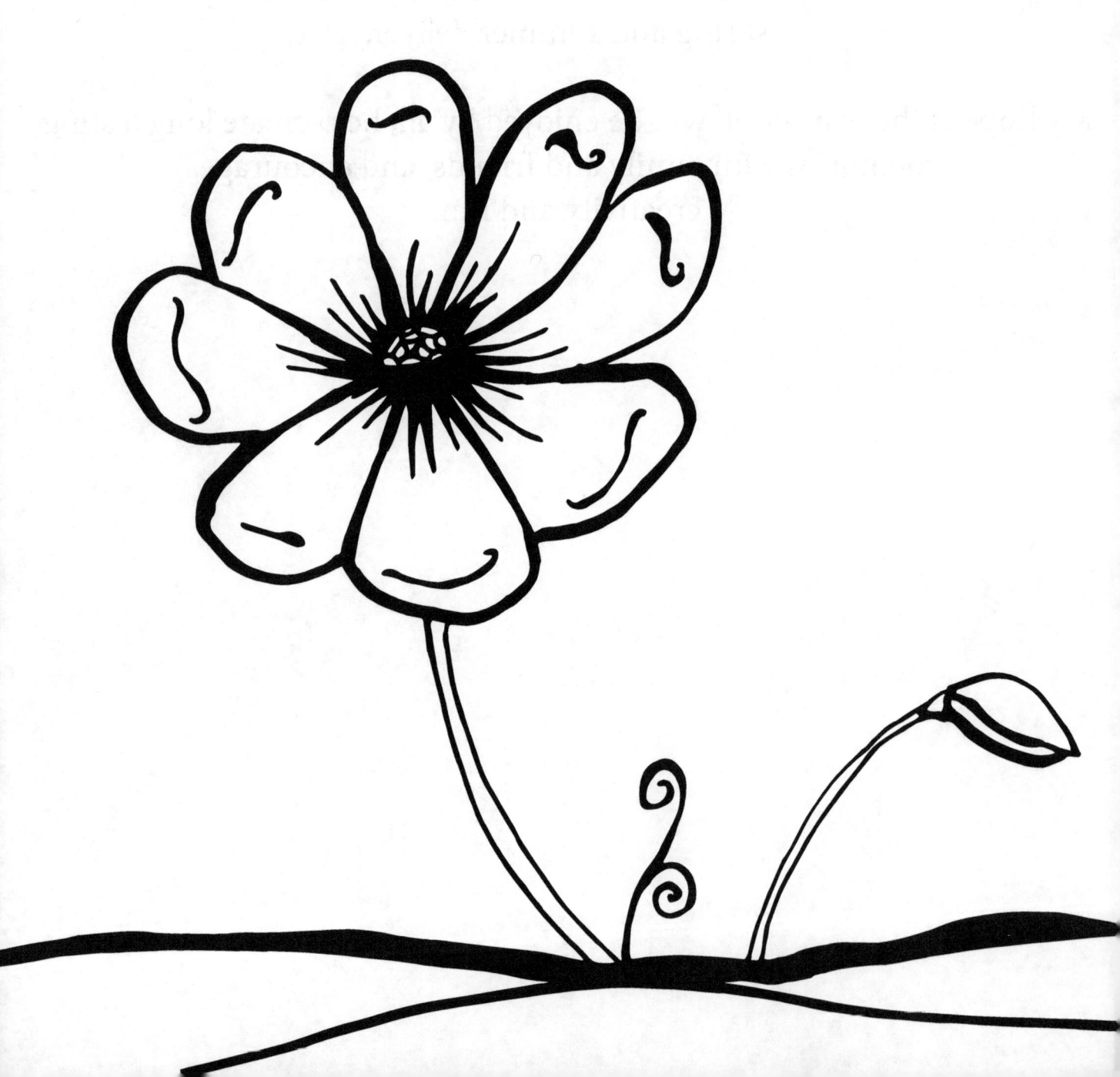

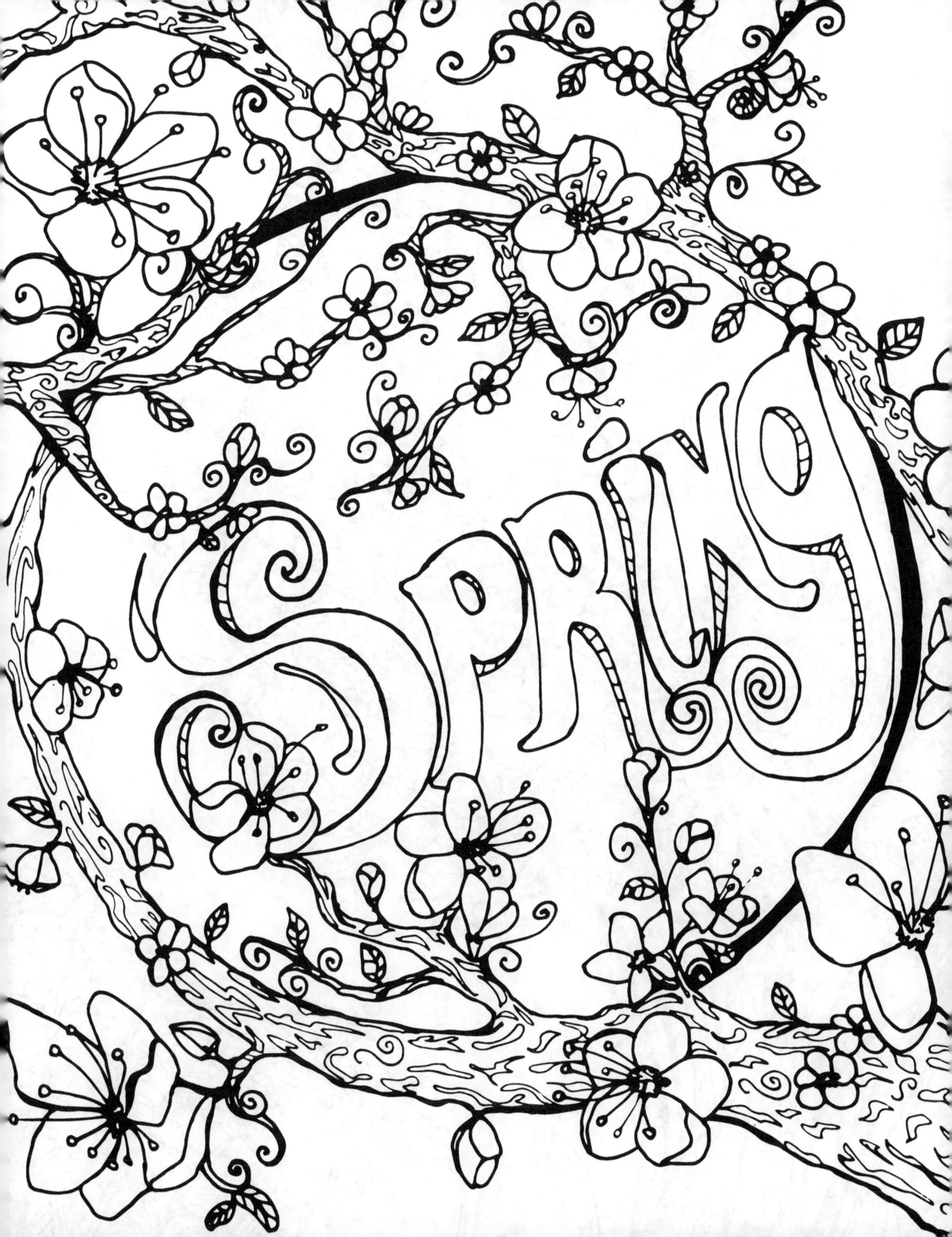

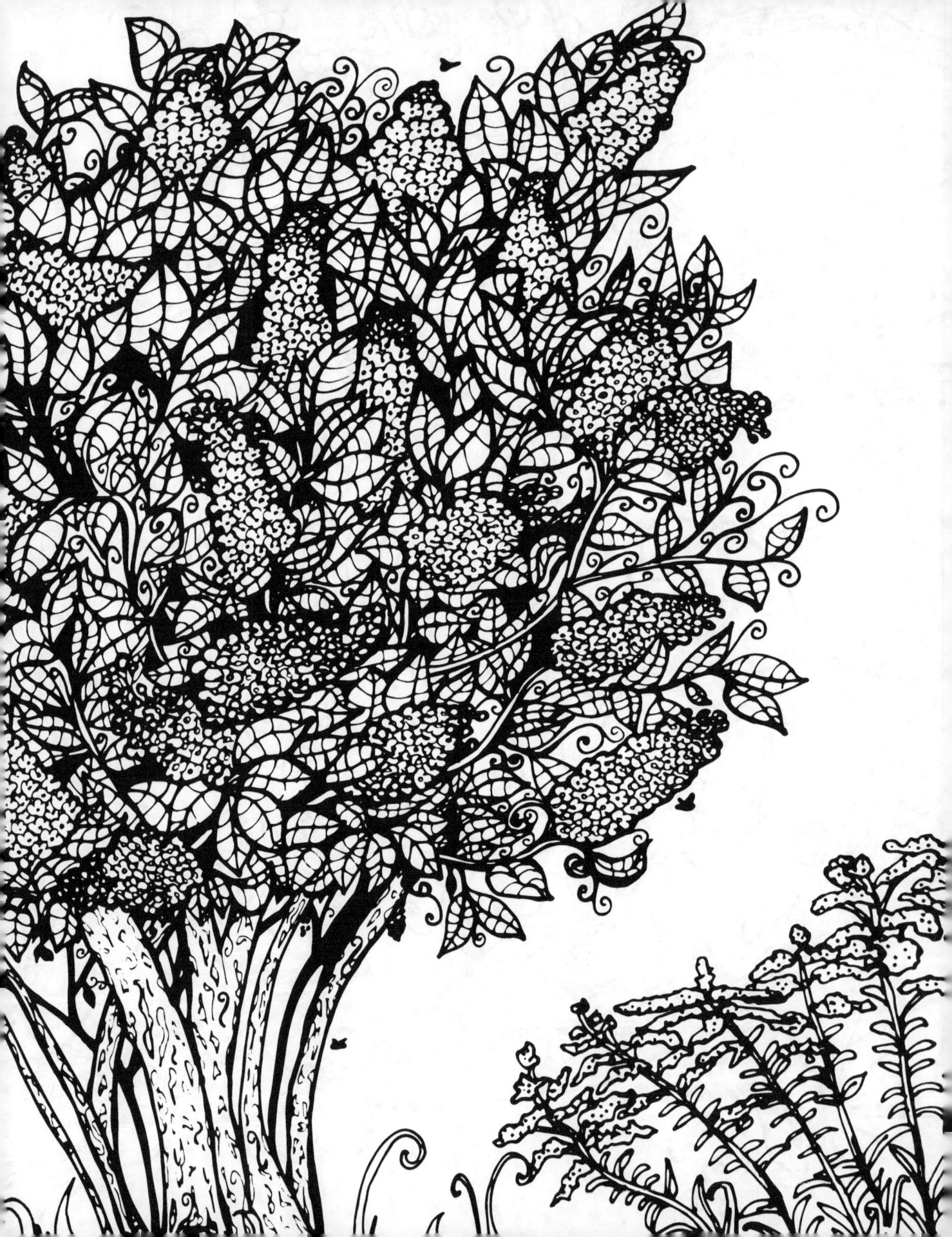

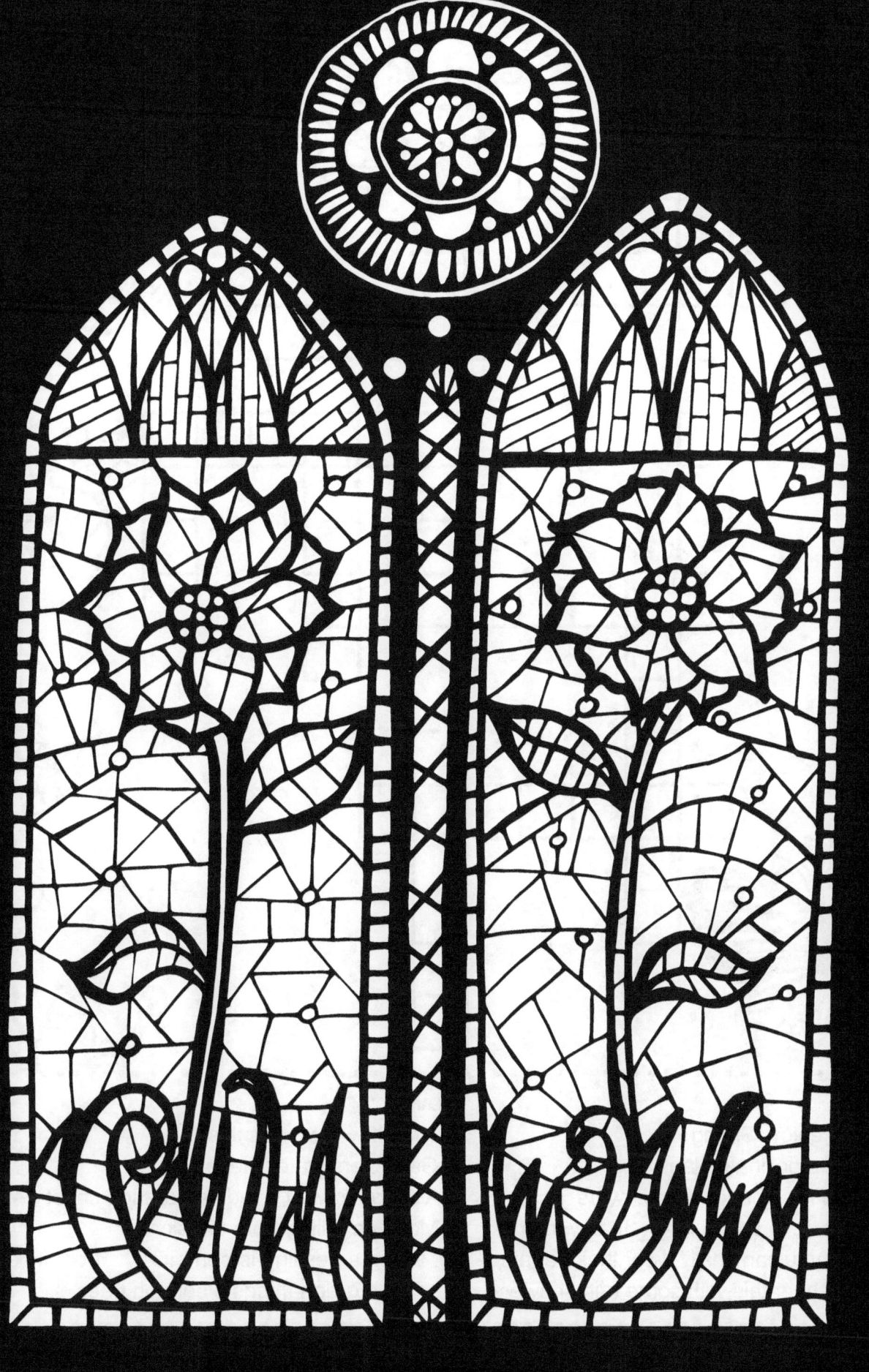

Springtime

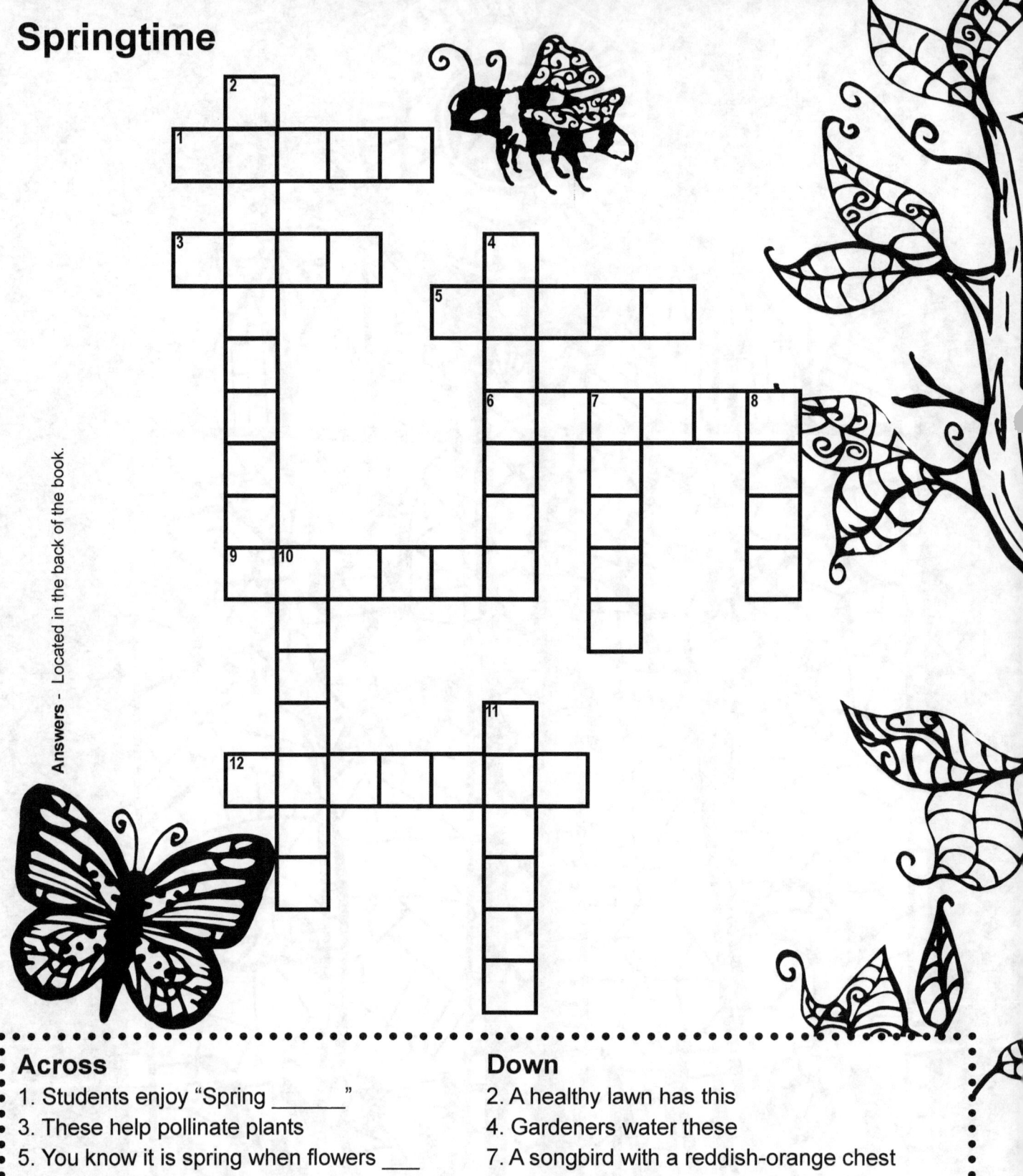

Across

1. Students enjoy "Spring _____"
3. These help pollinate plants
5. You know it is spring when flowers ___
6. Temperature in spring is ___ than winter
9. In spring, you can finally wear these again
12. You can hear this with some rain showers

Down

2. A healthy lawn has this
4. Gardeners water these
7. A songbird with a reddish-orange chest
8. Moisture falling from the sky
10. When a nestling is born, it _____ from its egg
11. These green things bloom on trees

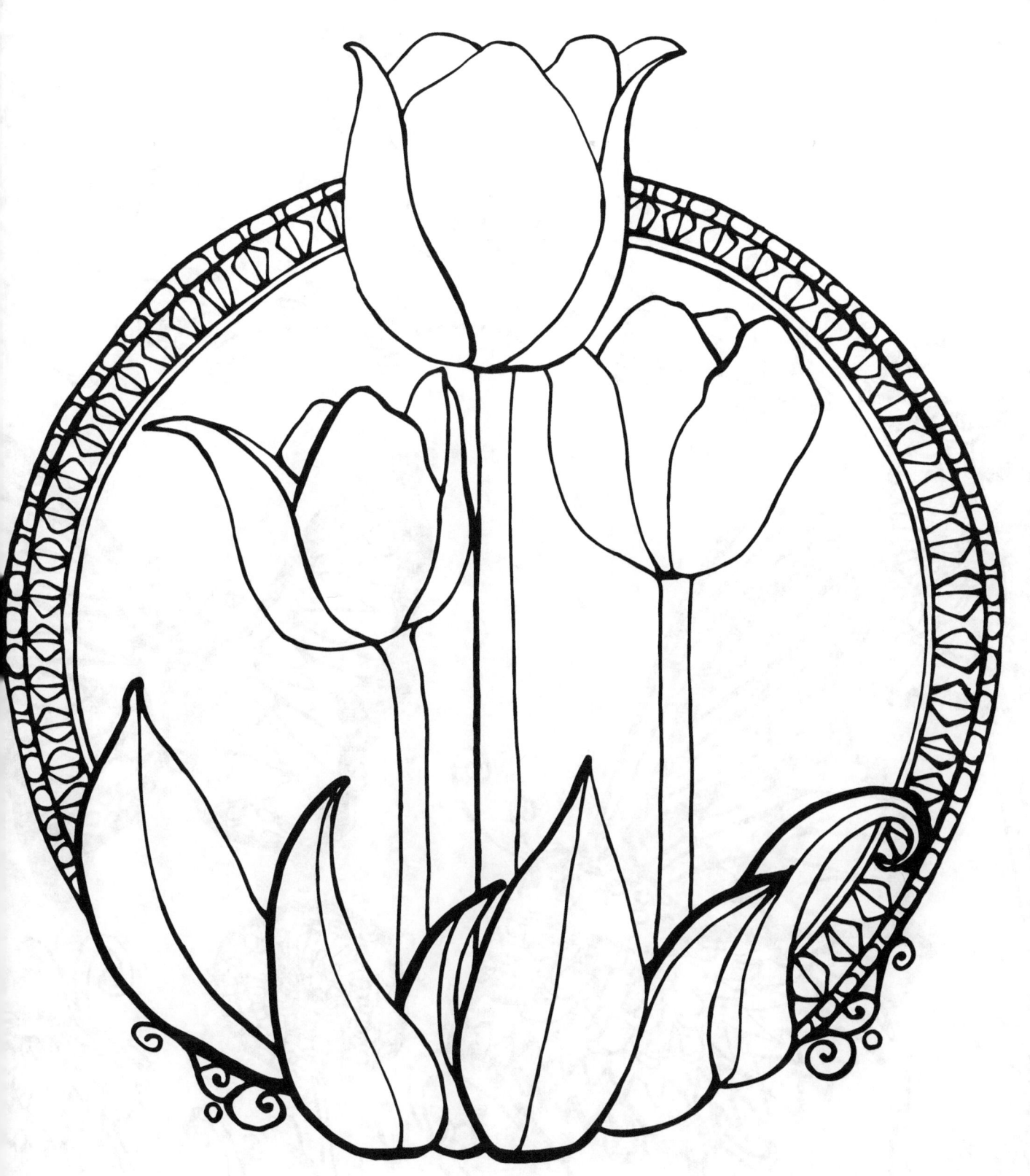

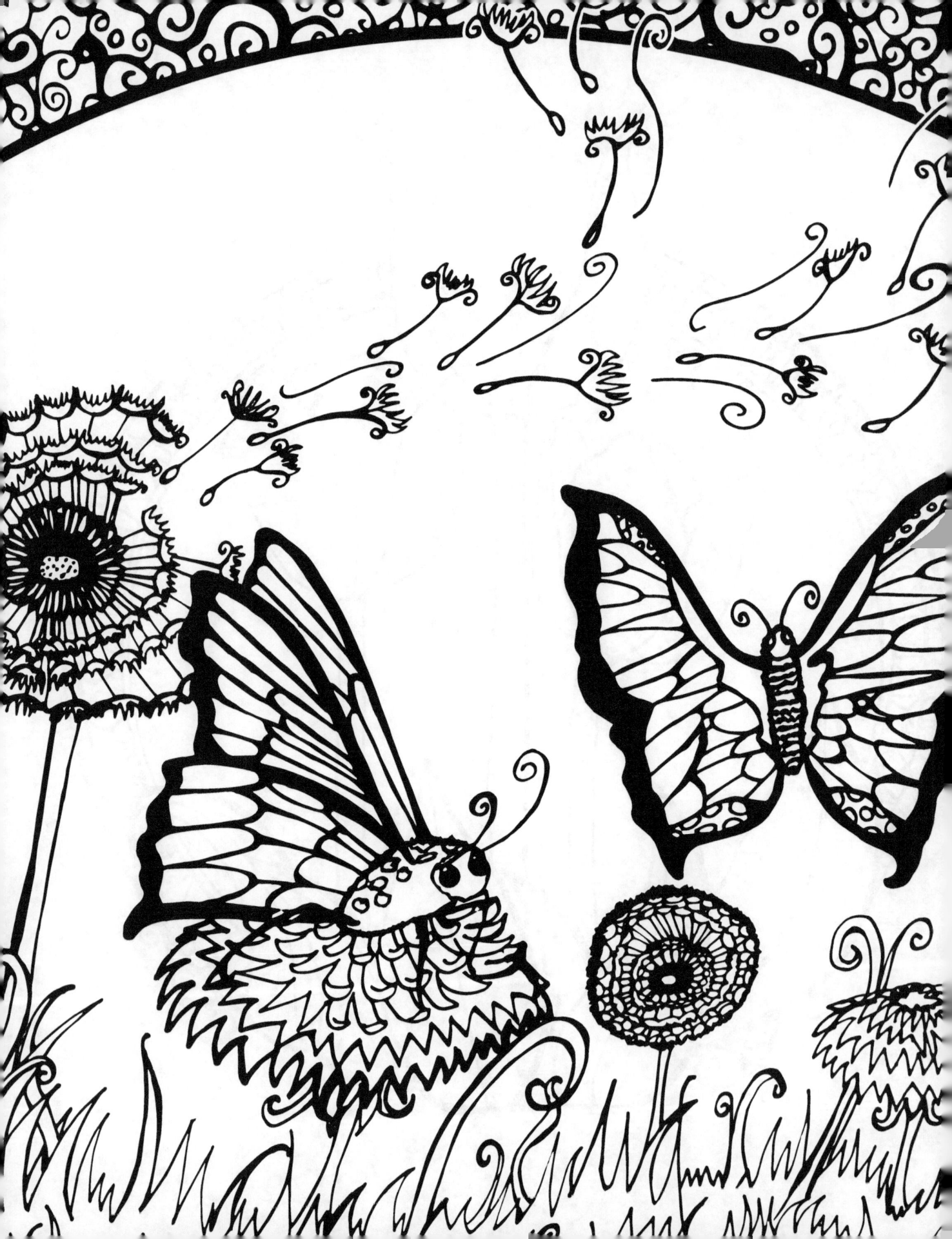

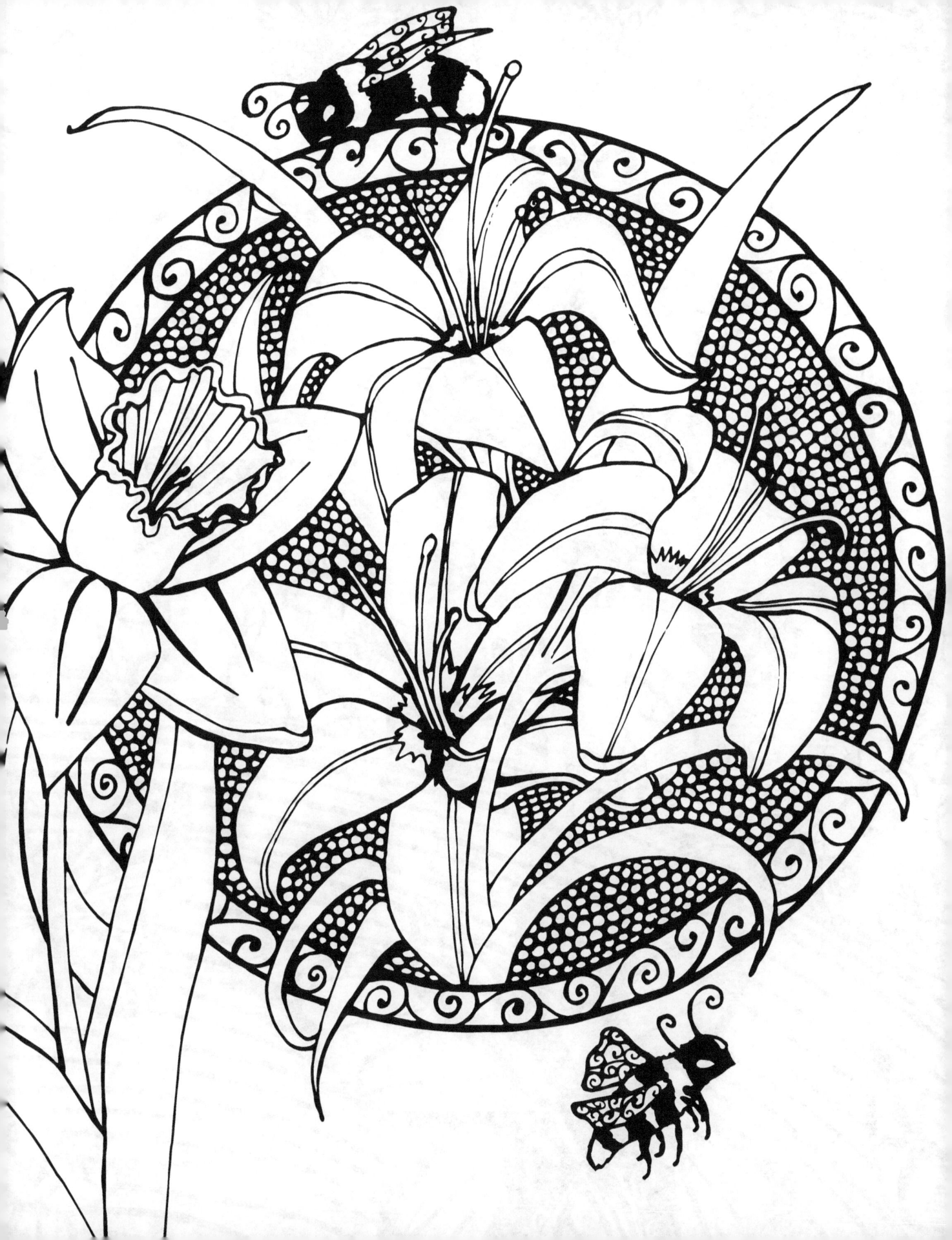

Garden Object Find
Find the following objects hidden below:

 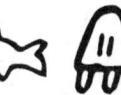    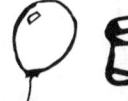 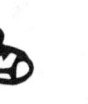 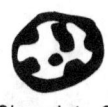

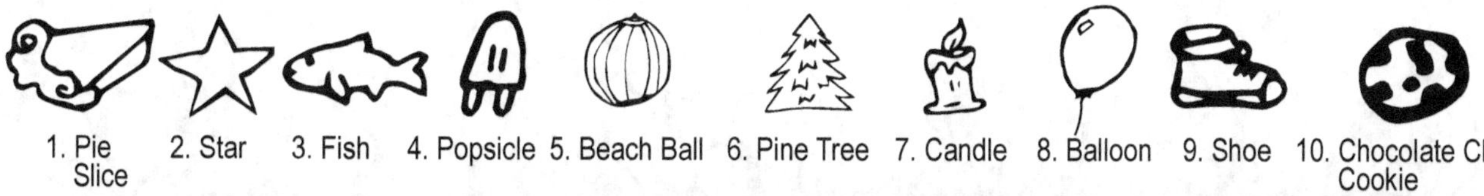

1. Pie Slice   2. Star   3. Fish   4. Popsicle   5. Beach Ball   6. Pine Tree   7. Candle   8. Balloon   9. Shoe   10. Chocolate Chip Cookie

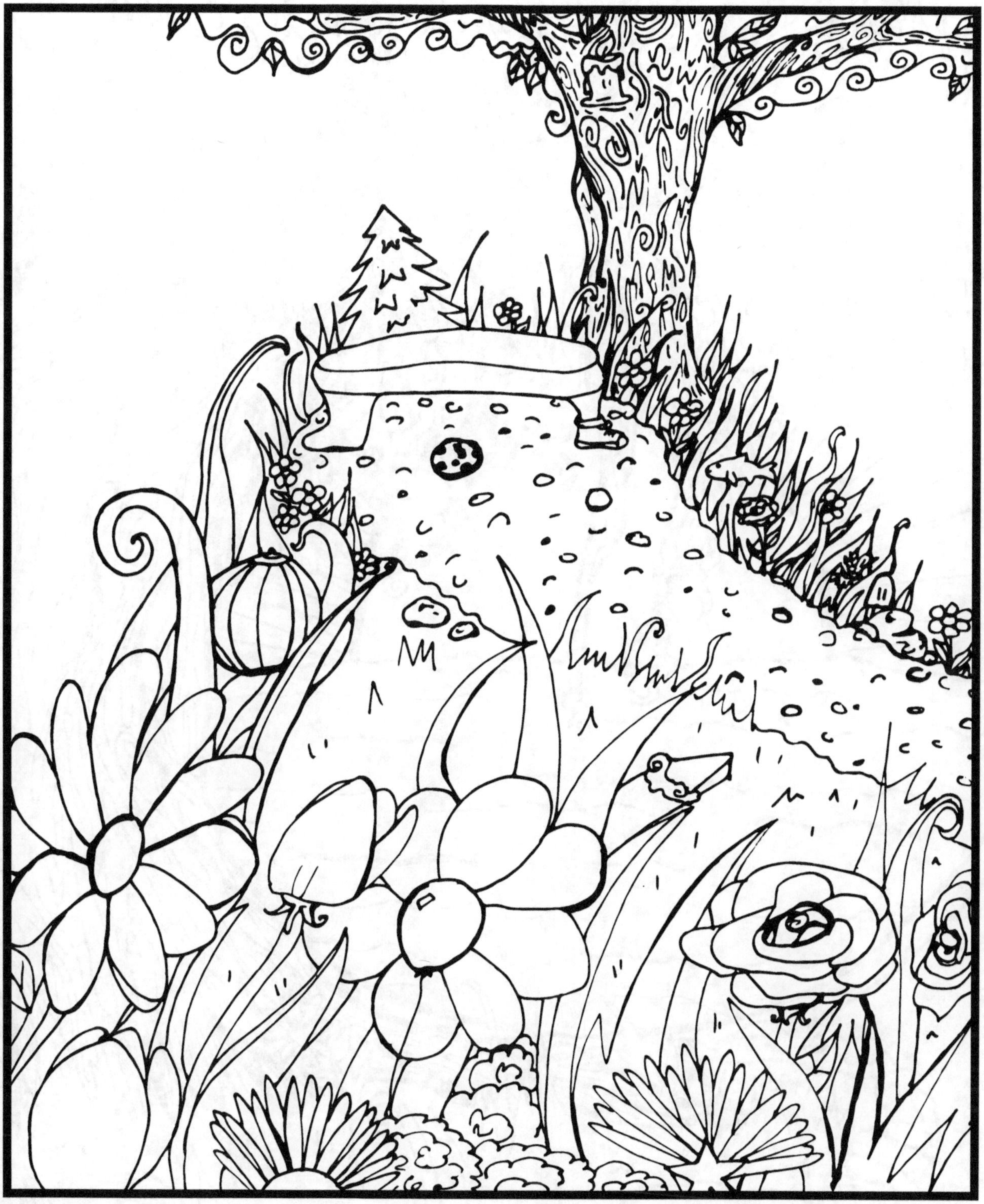

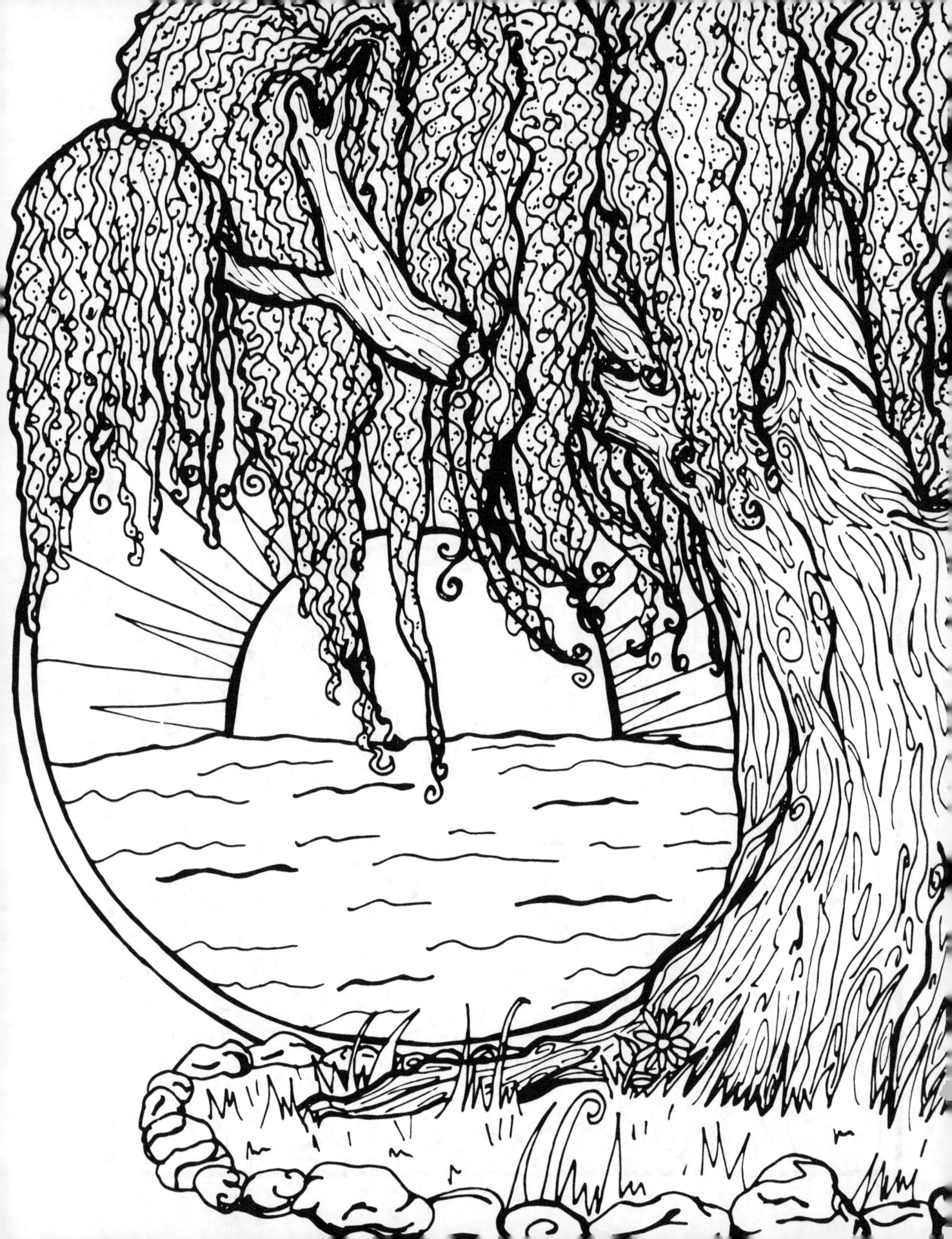

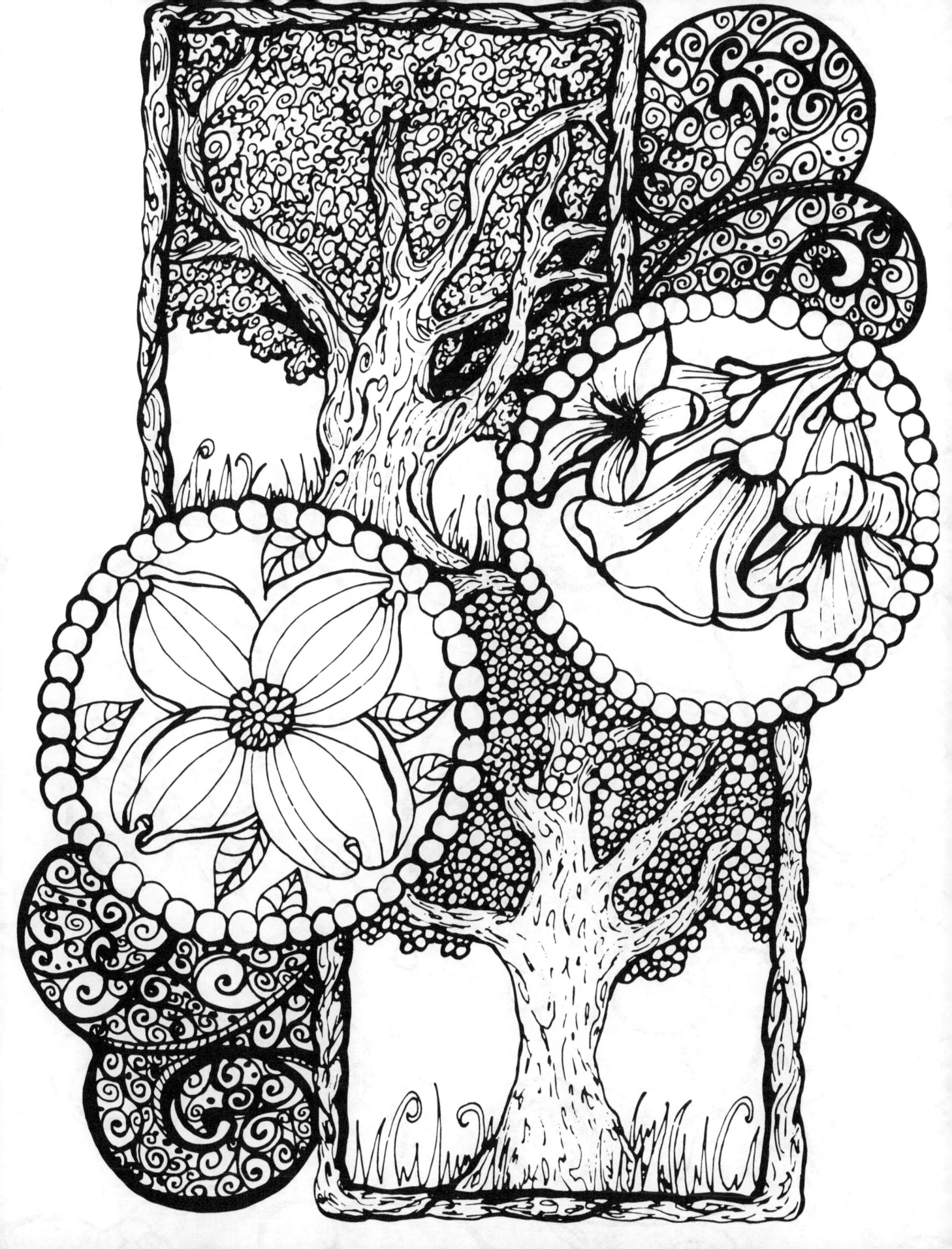

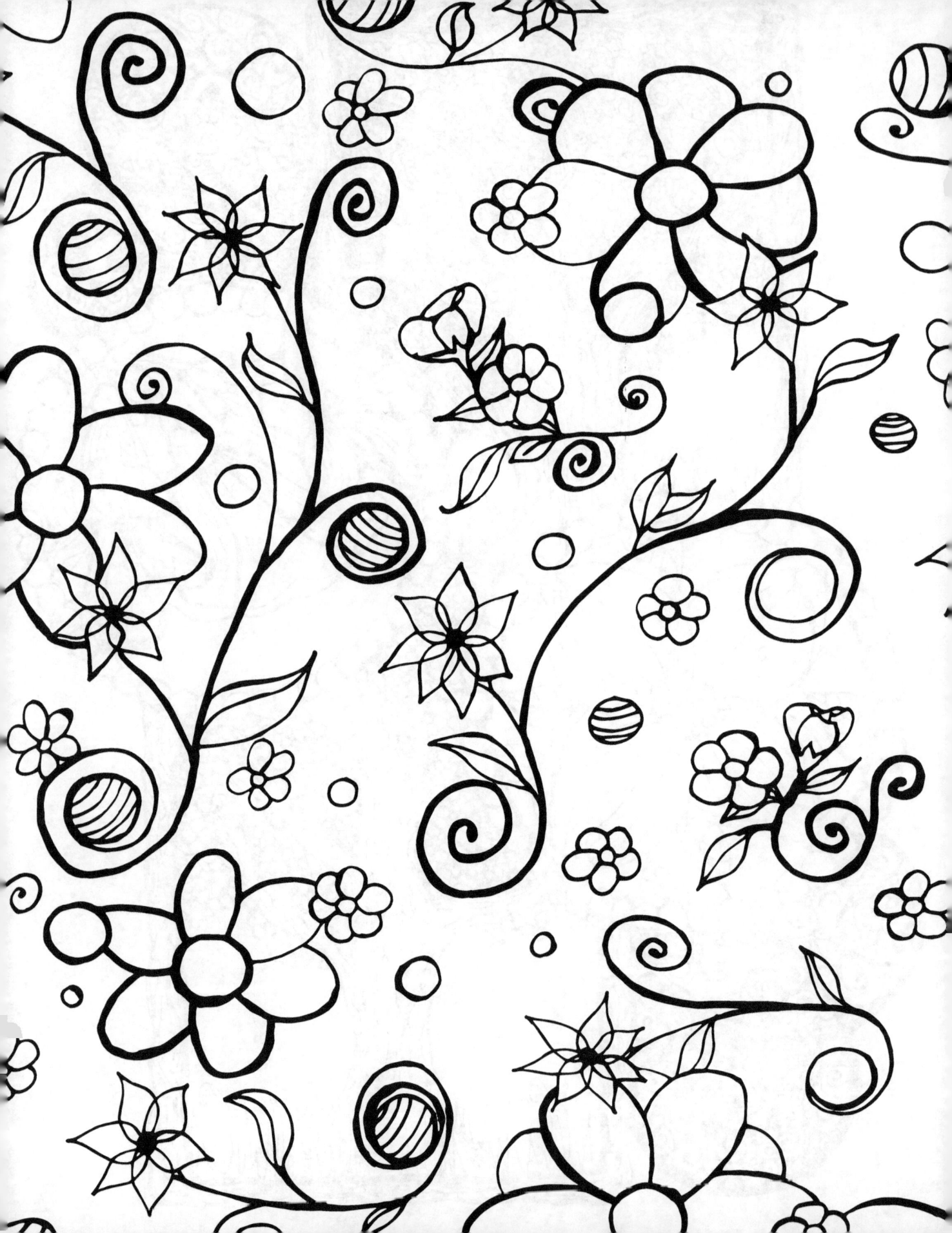

Flowers

Find the following words hidden below:

- Daisy
- Lily
- Dandelion
- Rose
- Tulip
- Baby's Breath
- Bluebell
- Daffodil
- Buttercup
- Lilac
- Marigold
- Azalea

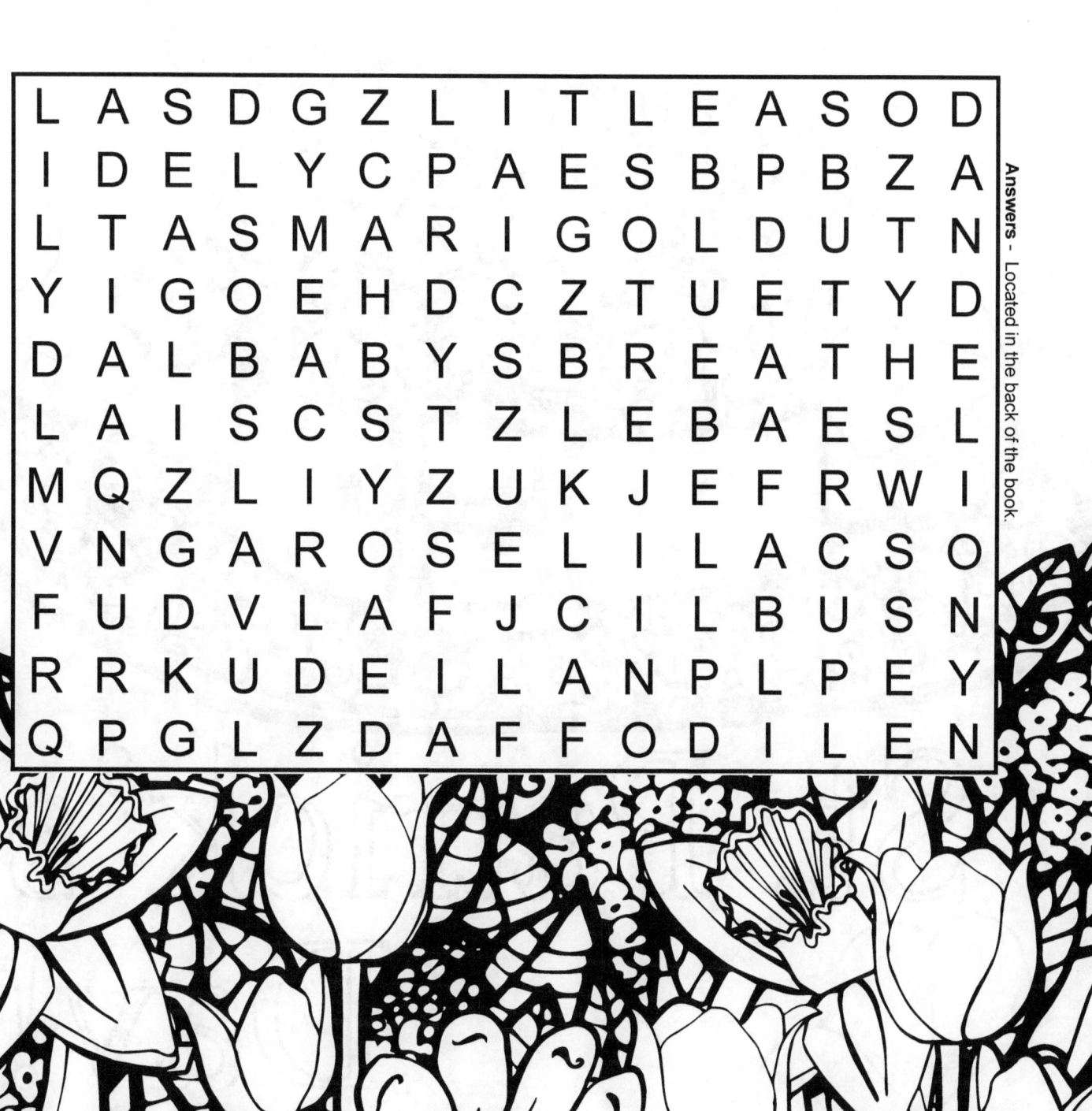

```
L A S D G Z L I T L E A S O D
I D E L Y C P A E S B P B Z A
L T A S M A R I G O L D U T N
Y I G O E H D C Z T U E T Y D
D A L B A B Y S B R E A T H E
L A I S C S T Z L E B A E S L
M Q Z L I Y Z U K J E F R W I
V N G A R O S E L I L A C S O
F U D V L A F J C I L B U S N
R R K U D E I L A N P L P E Y
Q P G L Z D A F F O D I L E N
```

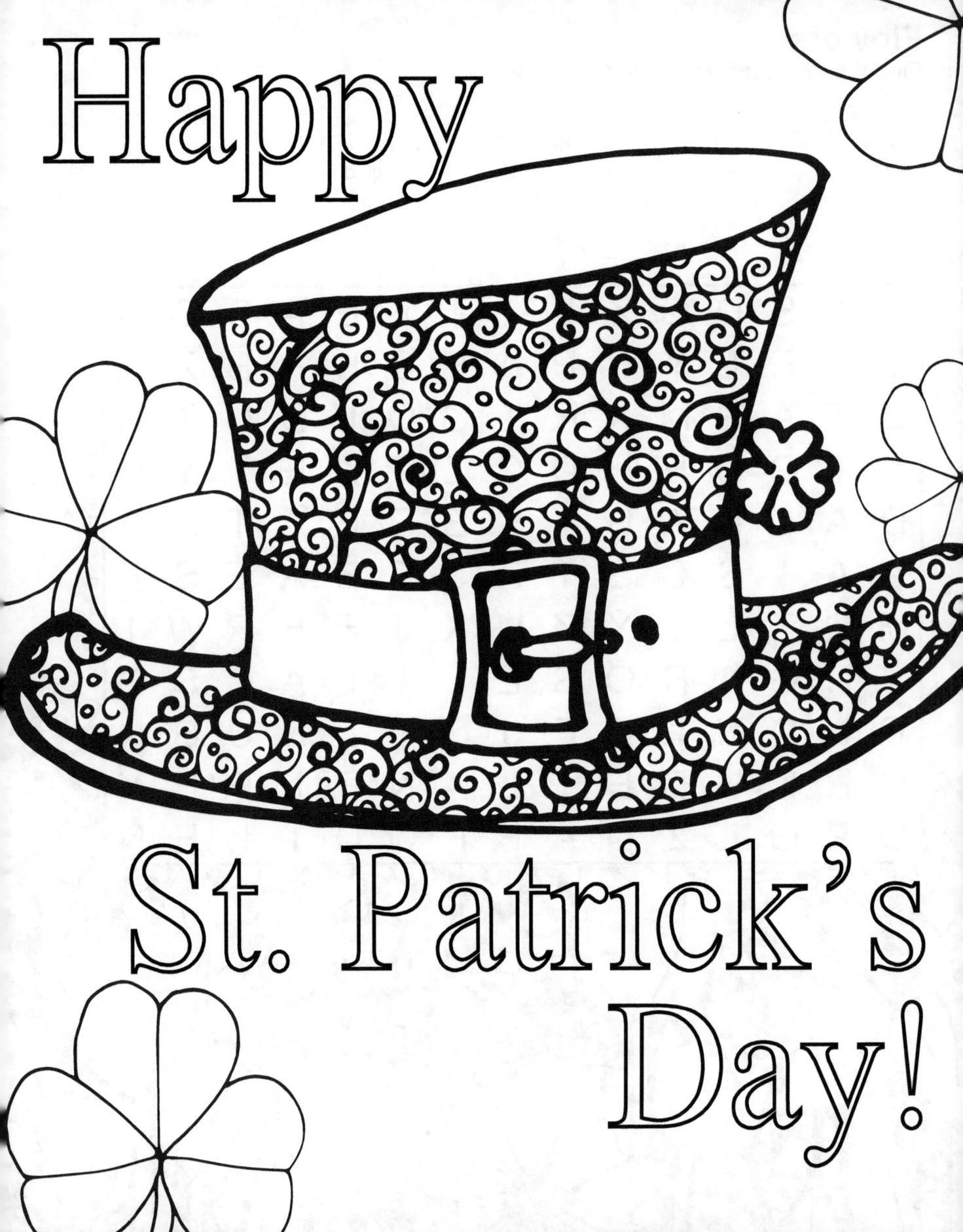

Happy

St. Patrick's
Day!

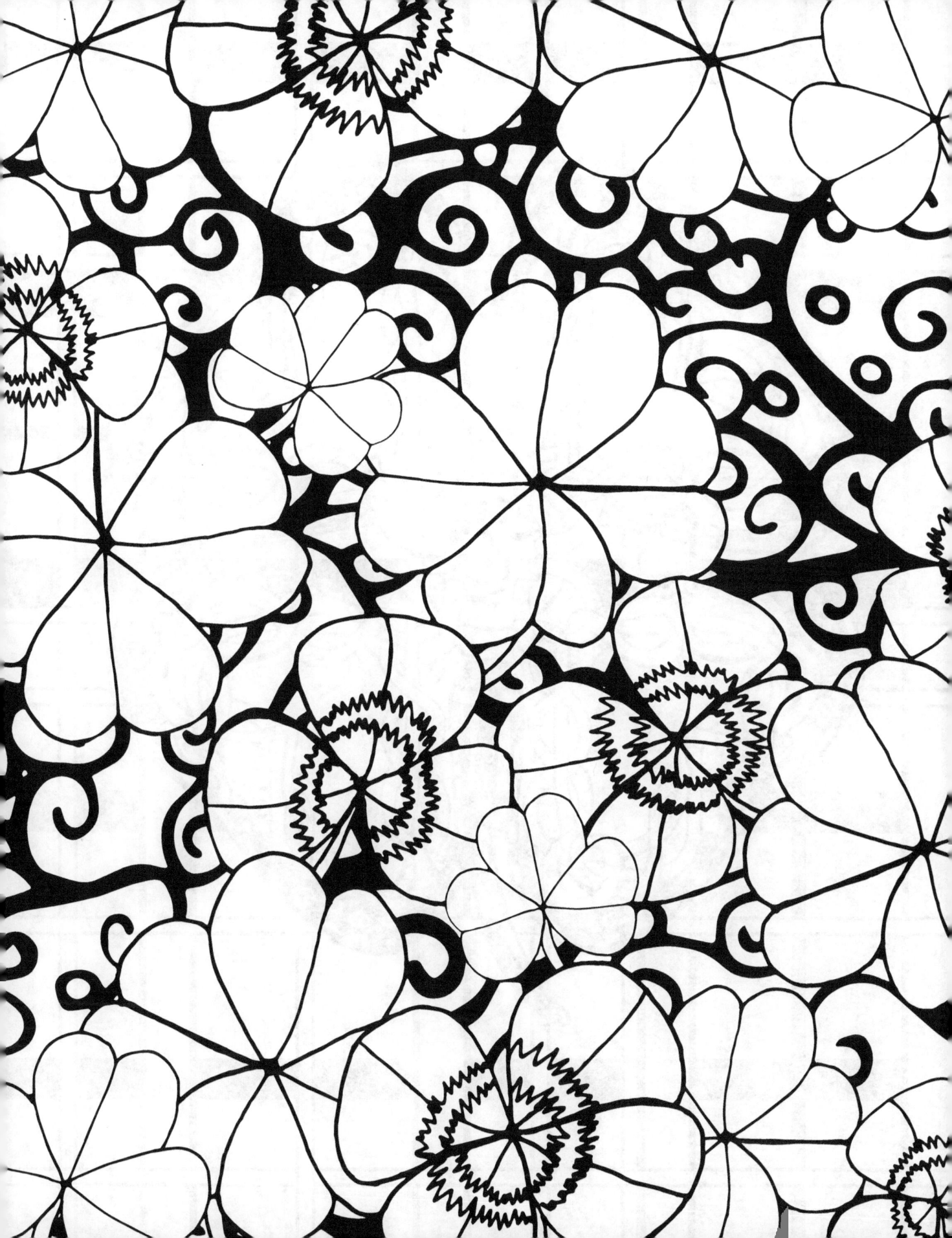

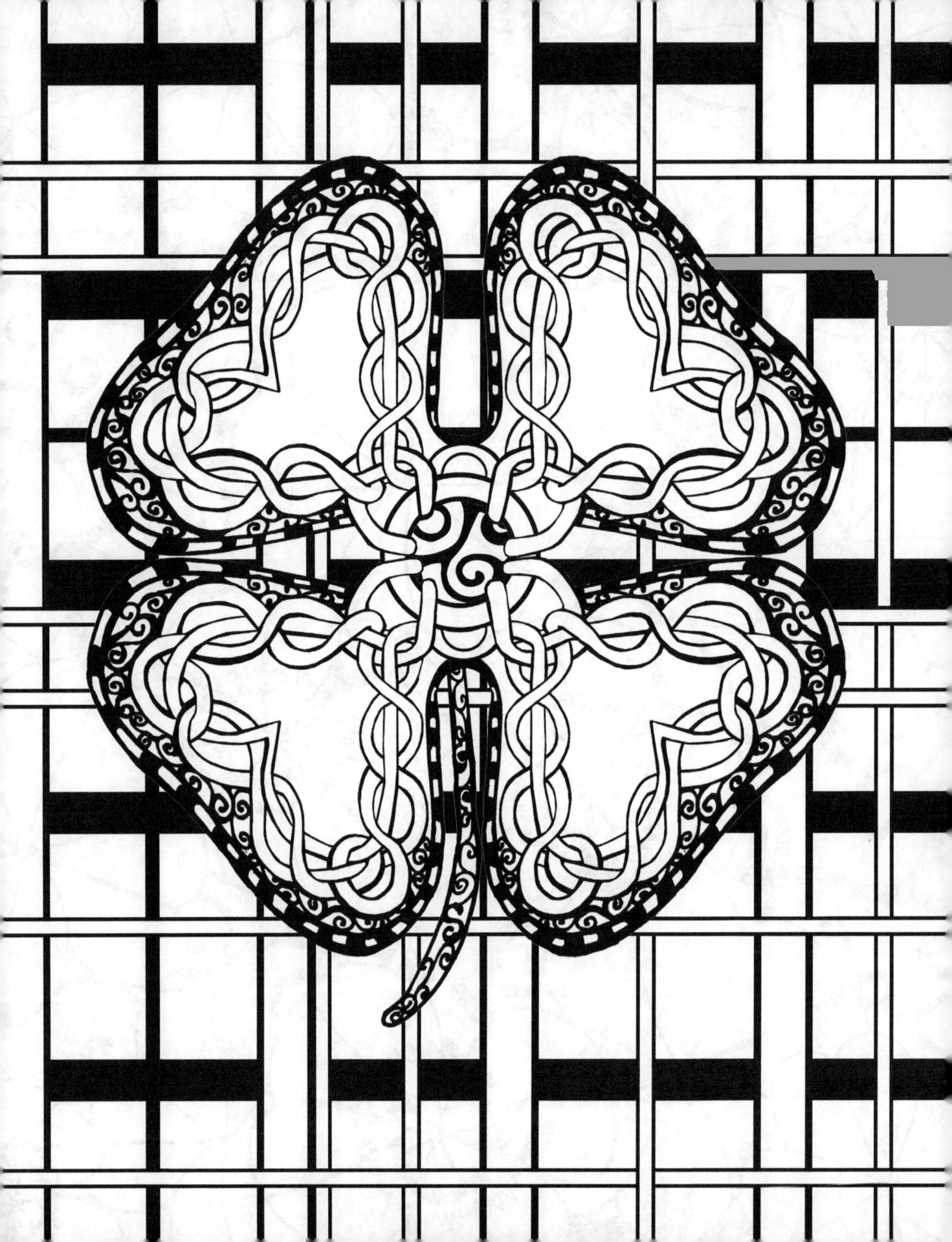

St. Patrick's Day

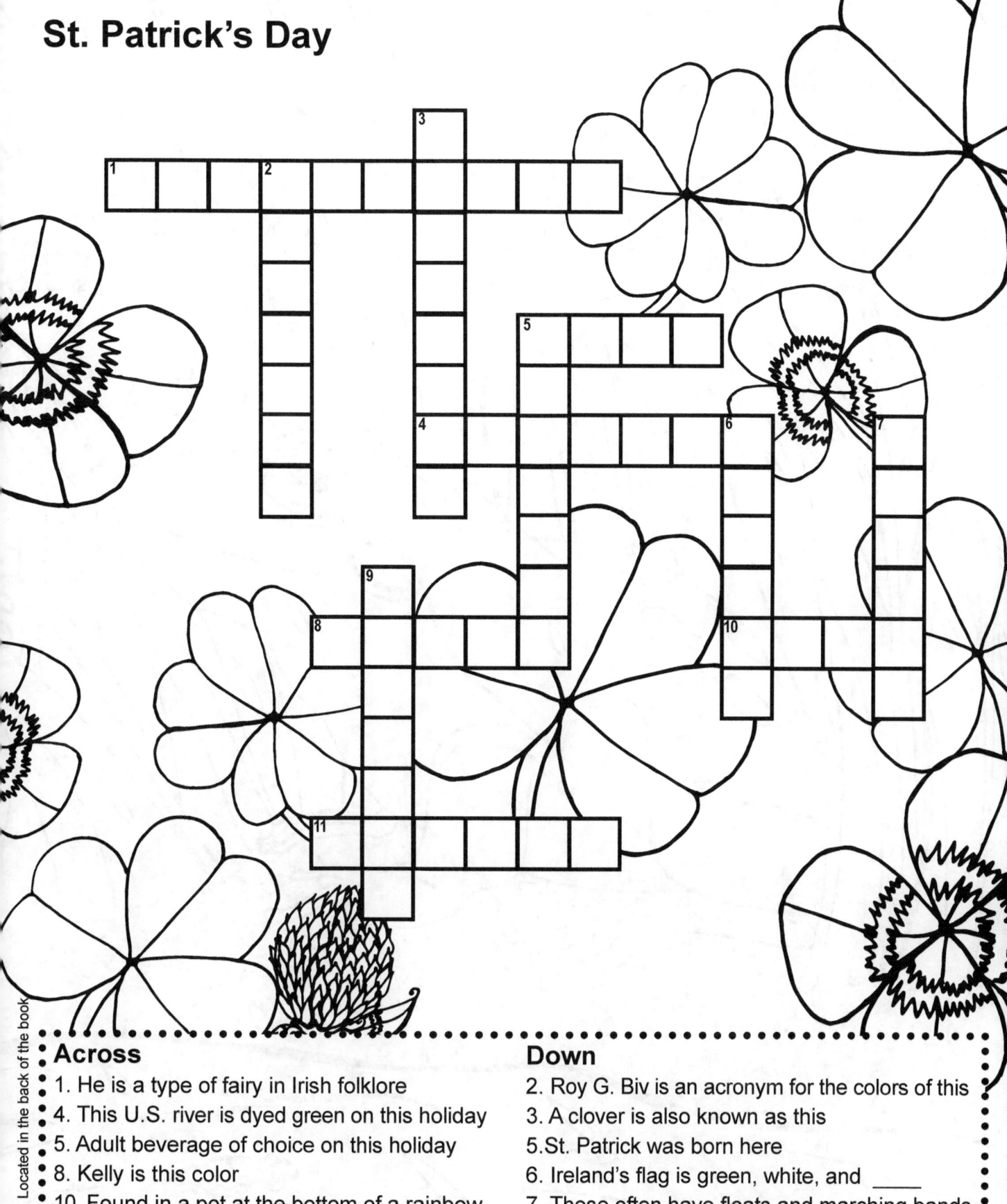

Across

1. He is a type of fairy in Irish folklore
4. This U.S. river is dyed green on this holiday
5. Adult beverage of choice on this holiday
8. Kelly is this color
10. Found in a pot at the bottom of a rainbow
11. Myth that St. Patrick cast these out of Ireland

Down

2. Roy G. Biv is an acronym for the colors of this
3. A clover is also known as this
5. St. Patrick was born here
6. Ireland's flag is green, white, and _____
7. These often have floats and marching bands
9. Also known as the Emerald Isle

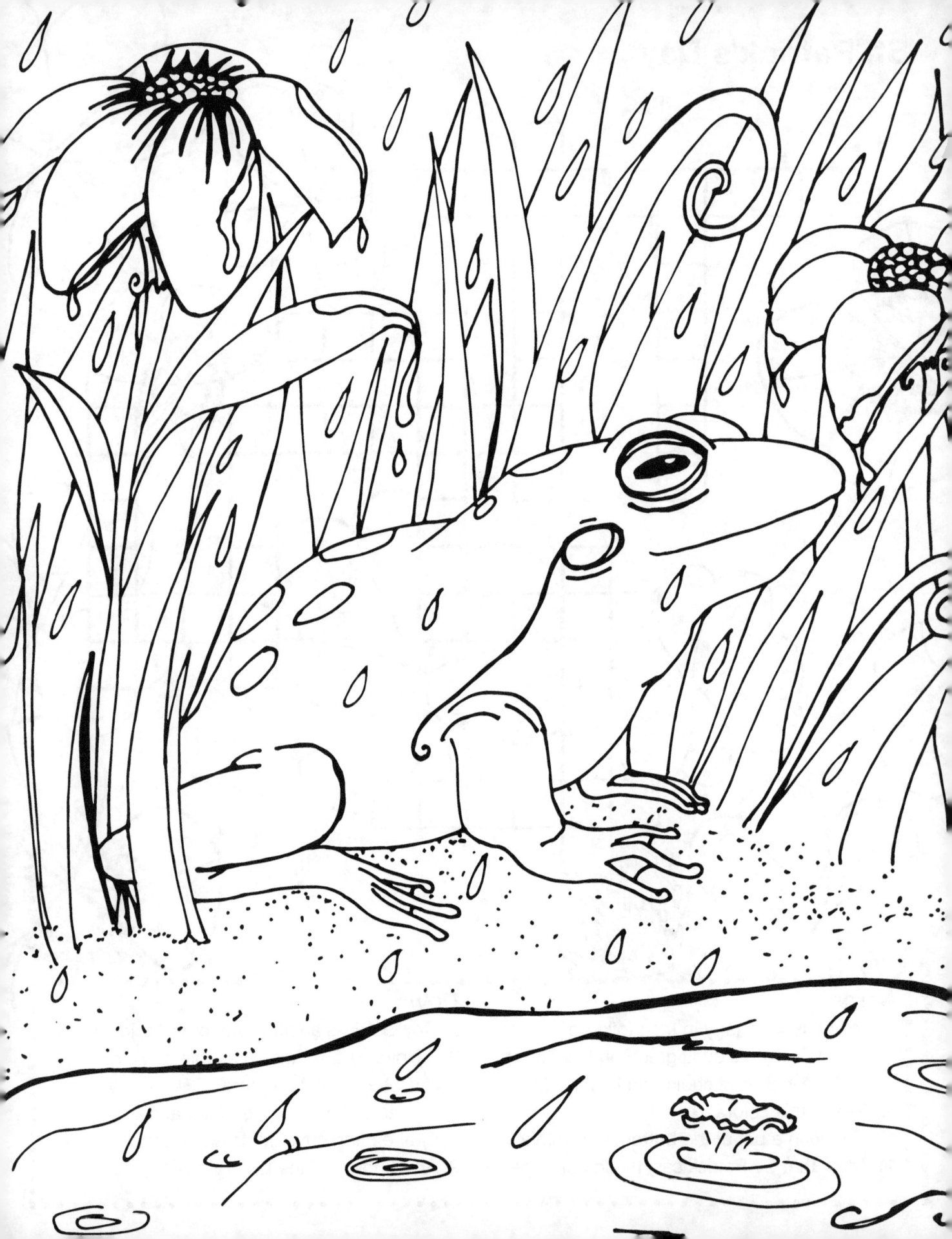

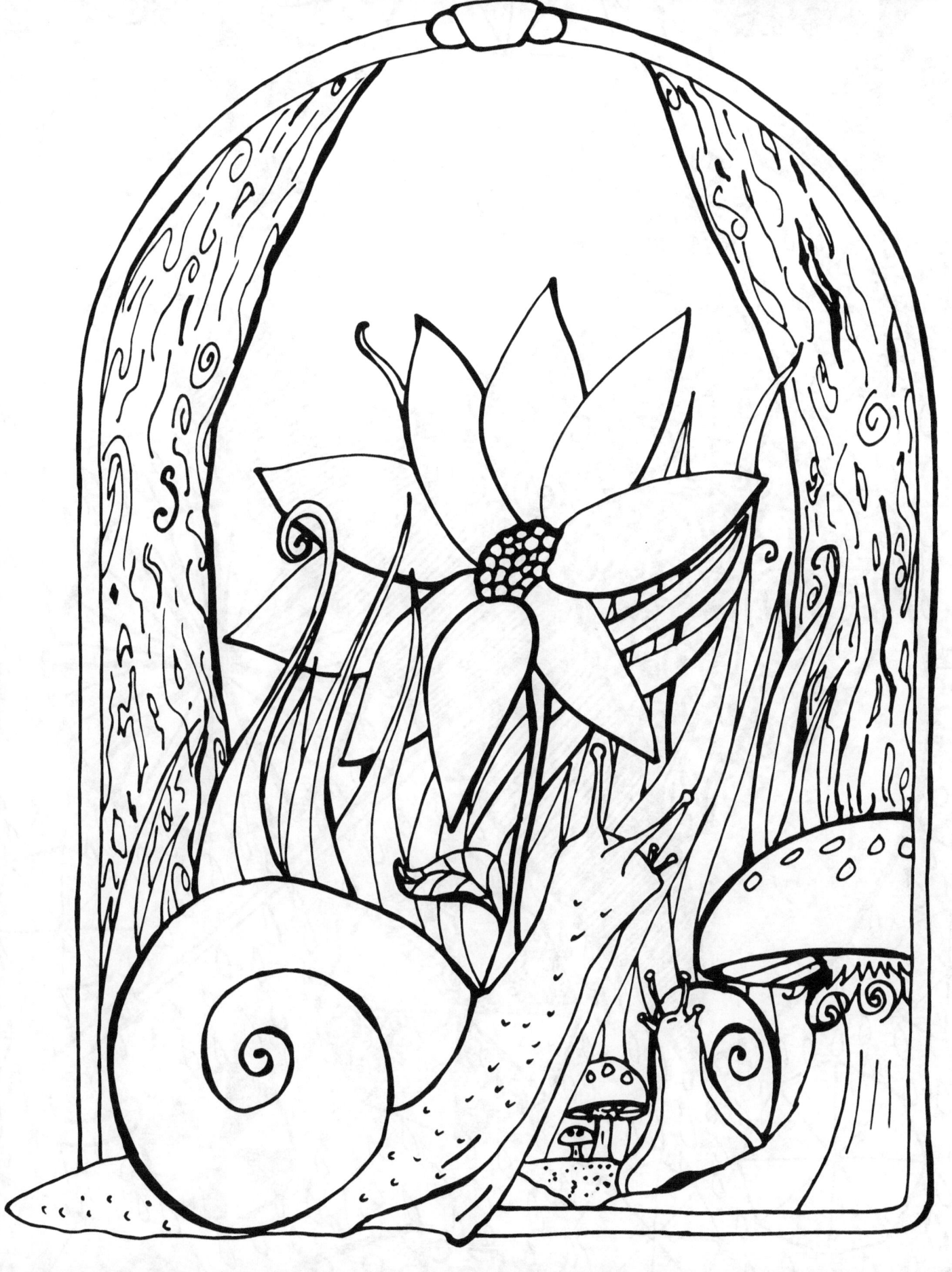

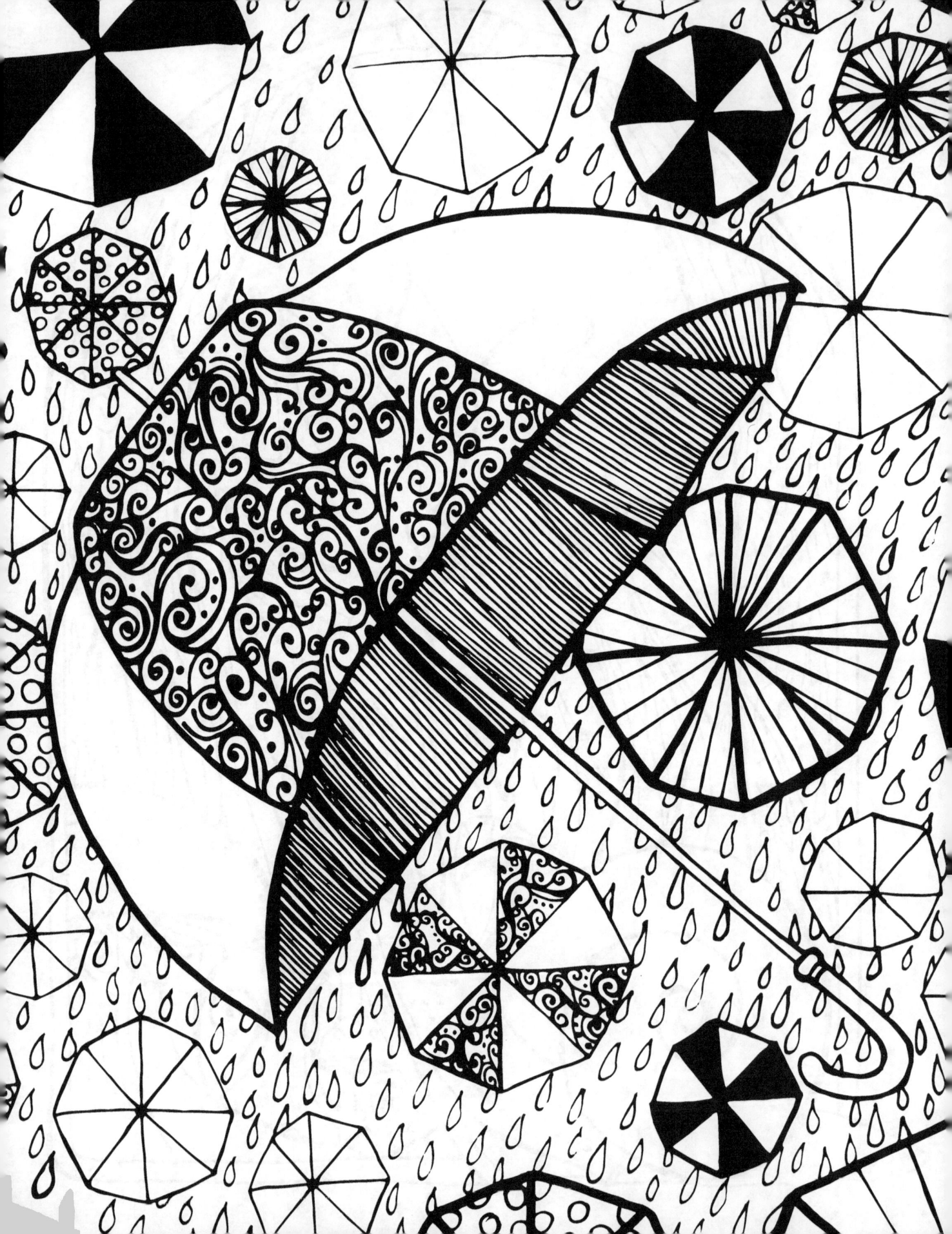

Forest Object Find

Find the following objects hidden below:

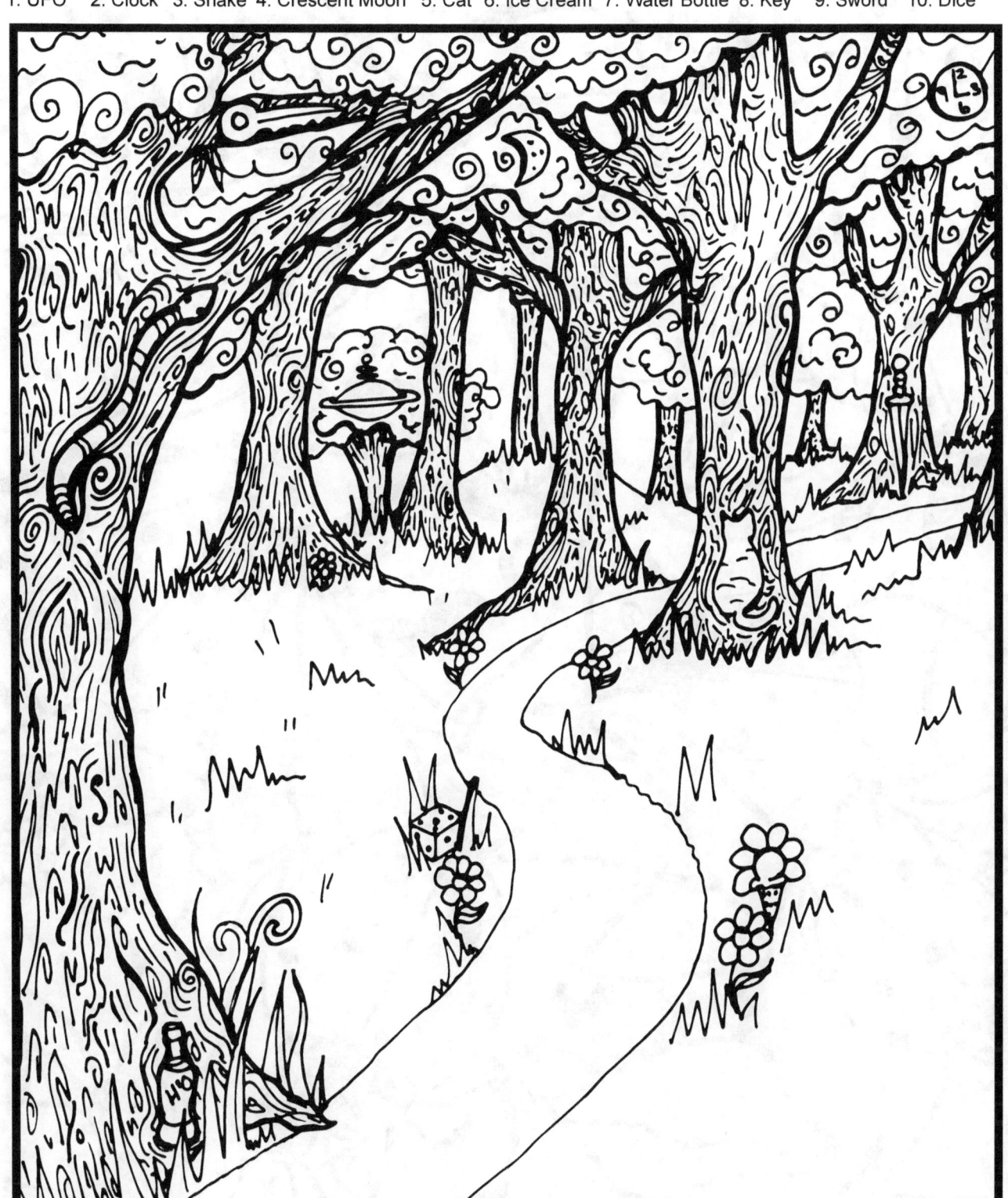

1. UFO 2. Clock 3. Snake 4. Crescent Moon 5. Cat 6. Ice Cream 7. Water Bottle 8. Key 9. Sword 10. Dice

Answers - Located in the back of the book.

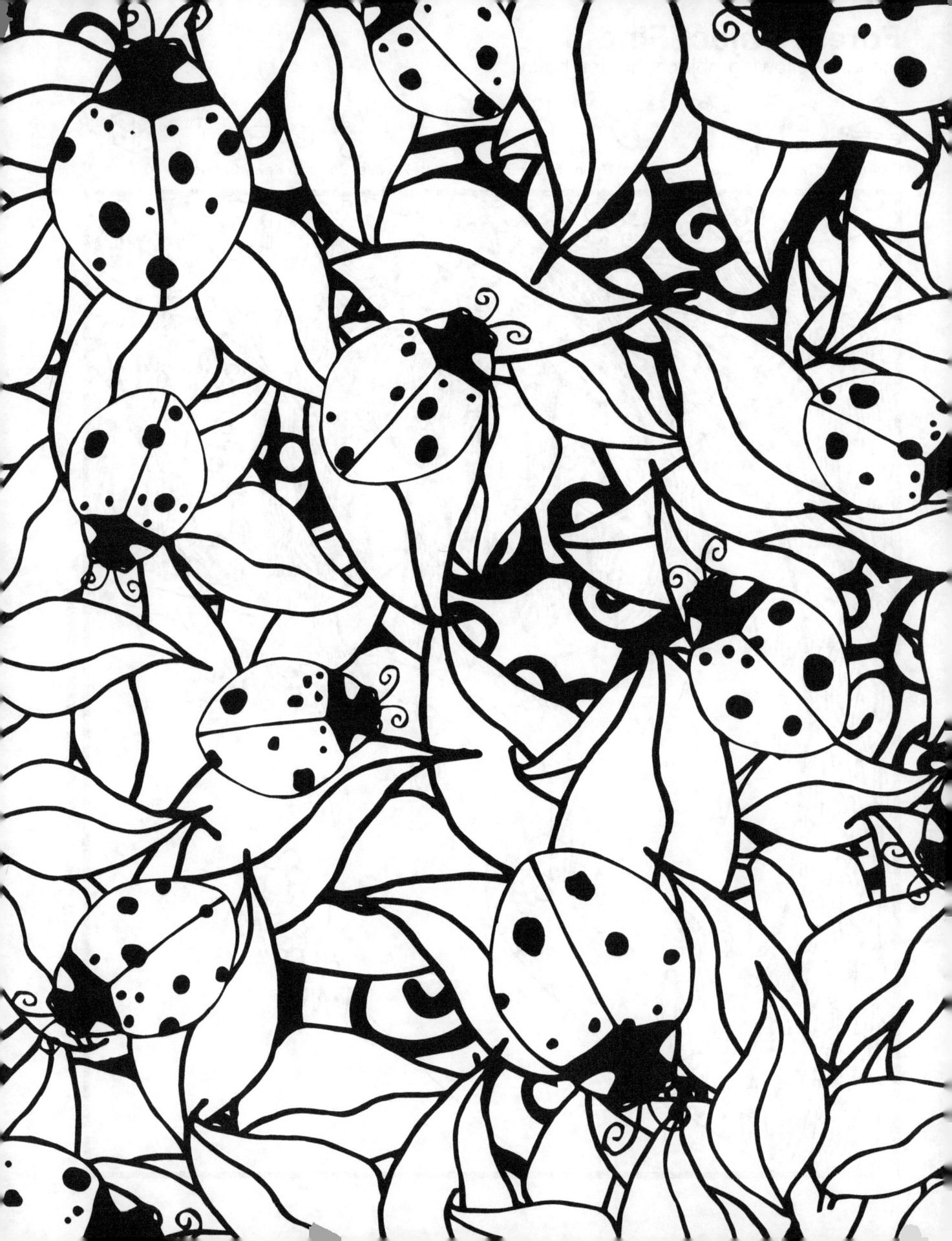

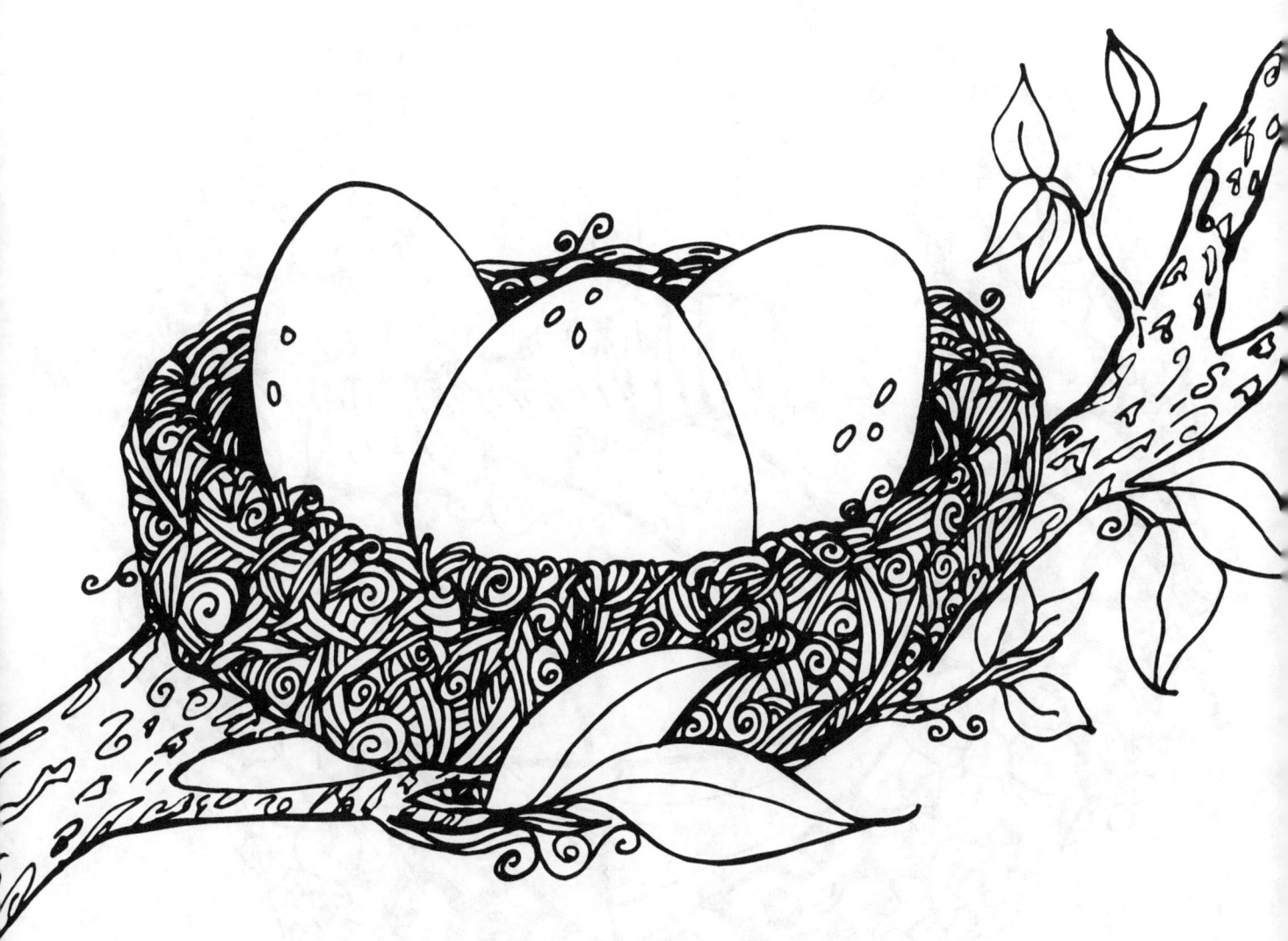

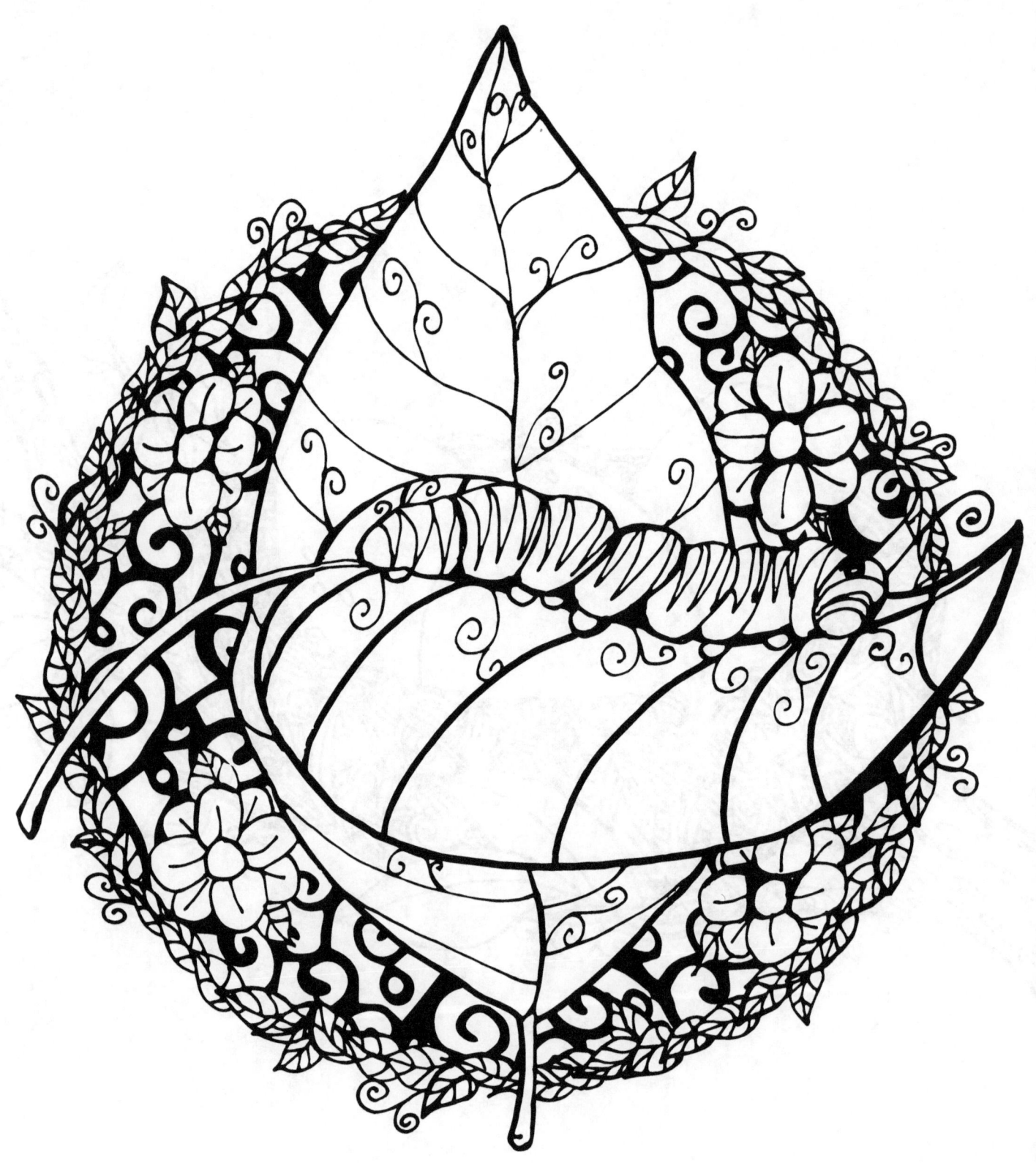

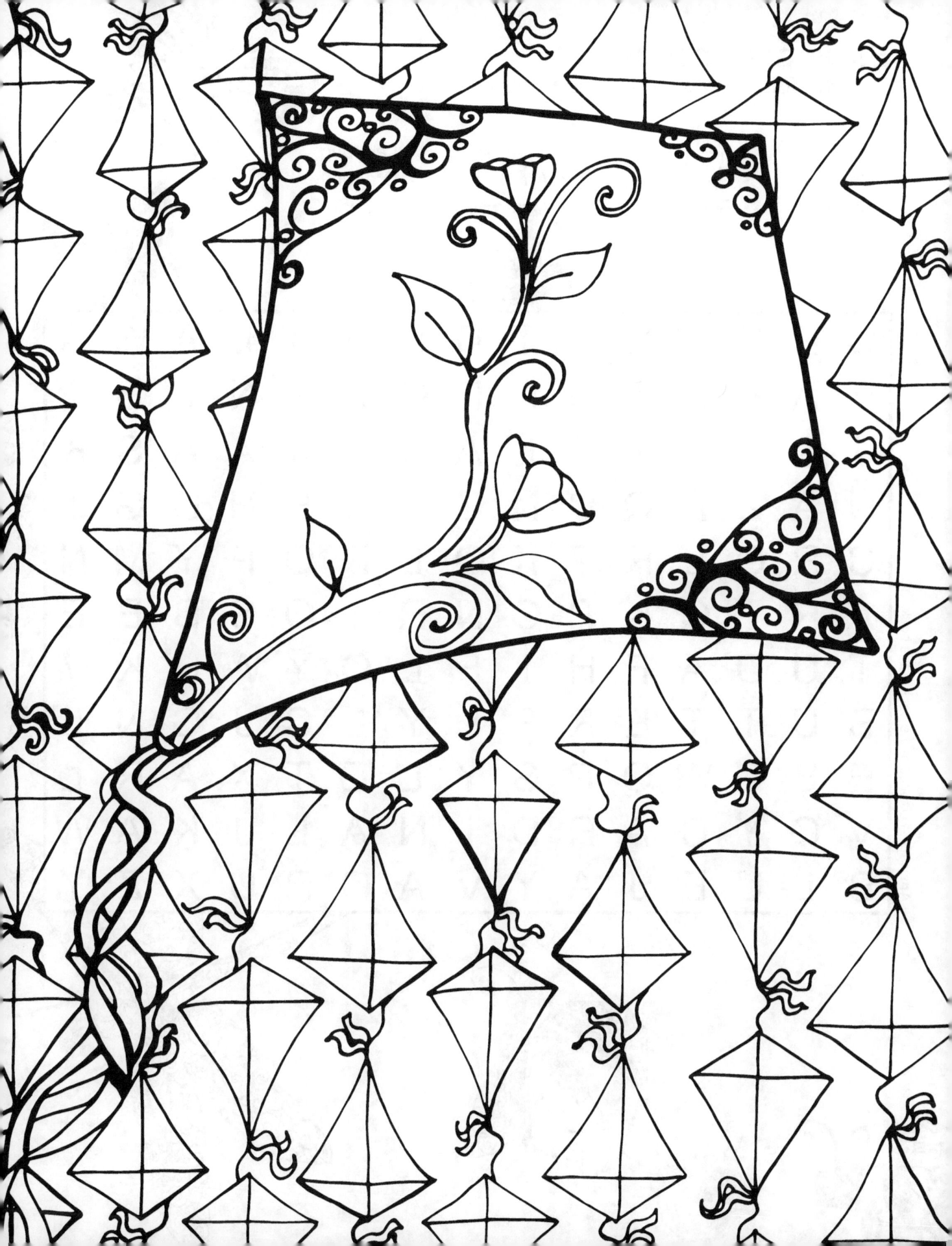

Birds and Insects

Find the following words hidden below:

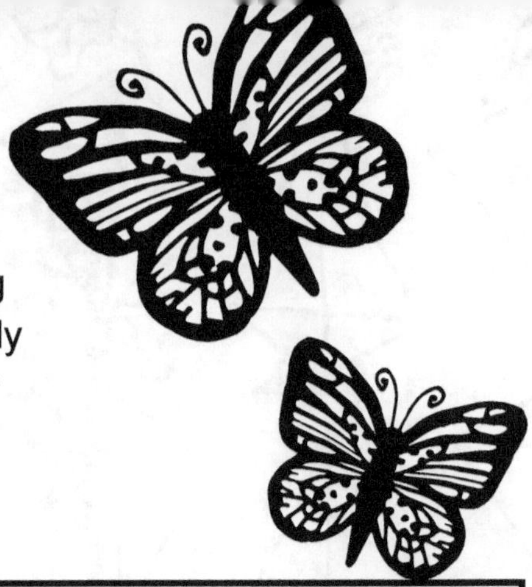

- Robin
- Cardinal
- Crow
- Bee
- Oriole
- Blue Jay
- Sparrow
- Ant
- Caterpillar
- Ladybug
- Dragonfly
- Butterfly

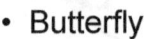
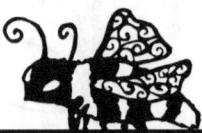

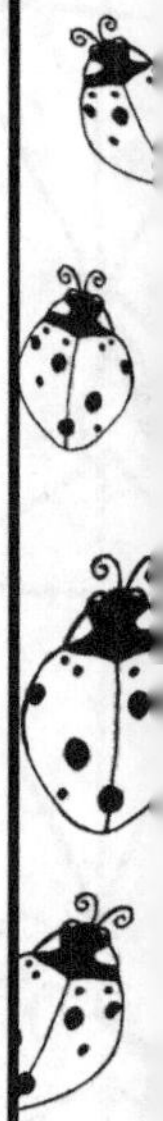

Answers - Located in the back of the book.

```
C R O W E S T D R A J L A W A
B A E X T Q P R O B I N L B I
J C T P I F L A O A J A A S K
N A Z E Q D N G R O F H D G I
C R O L R T K O L R O P Y M N
A R I Q K P O N R I O S B E E
T U D A F H I F L O Y W U K M
B U T T E R F L Y L C J G N L
E B G W O P S Y L E T X A R L
V Q Y C A R D I N A L J K A W
B L U E J A Y V A O R U X Z Y
```

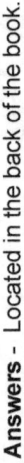
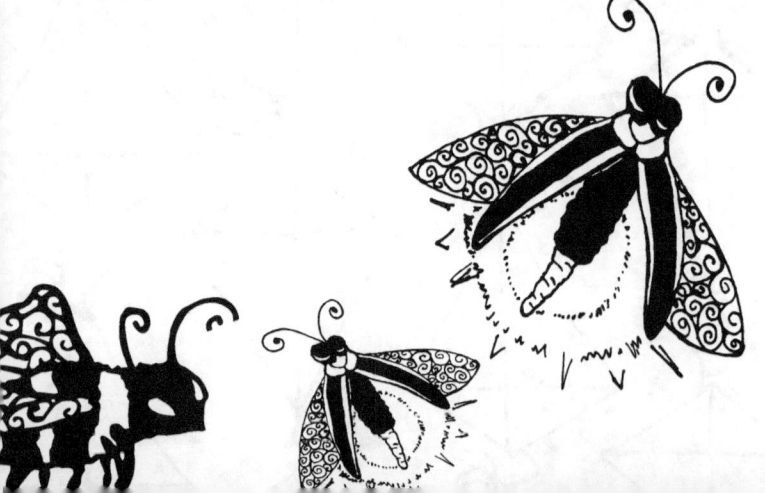
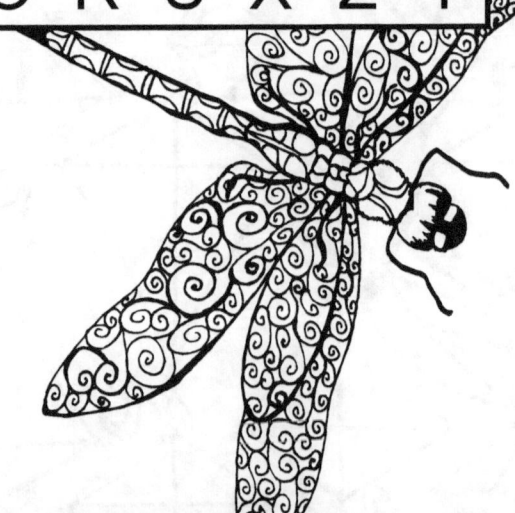

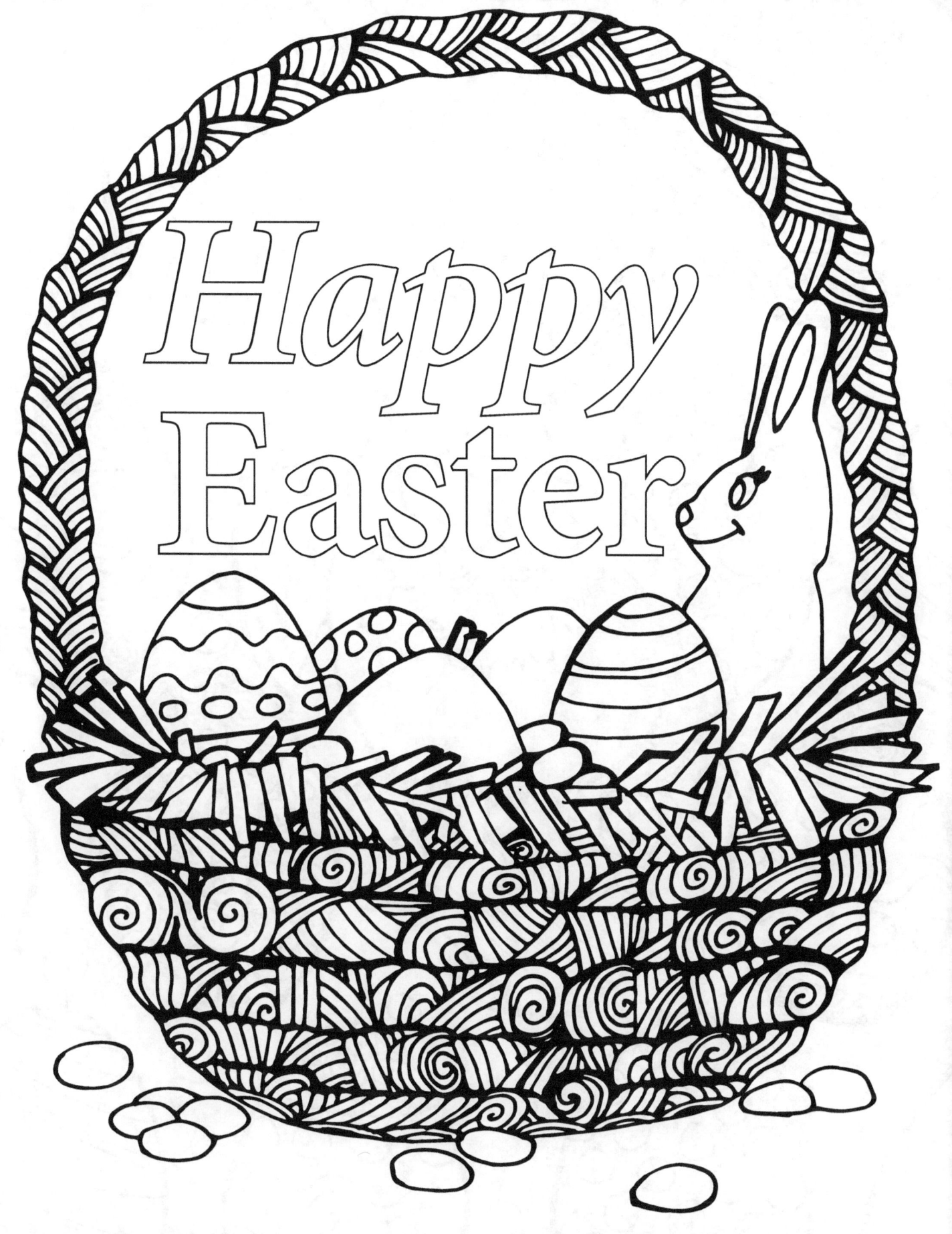

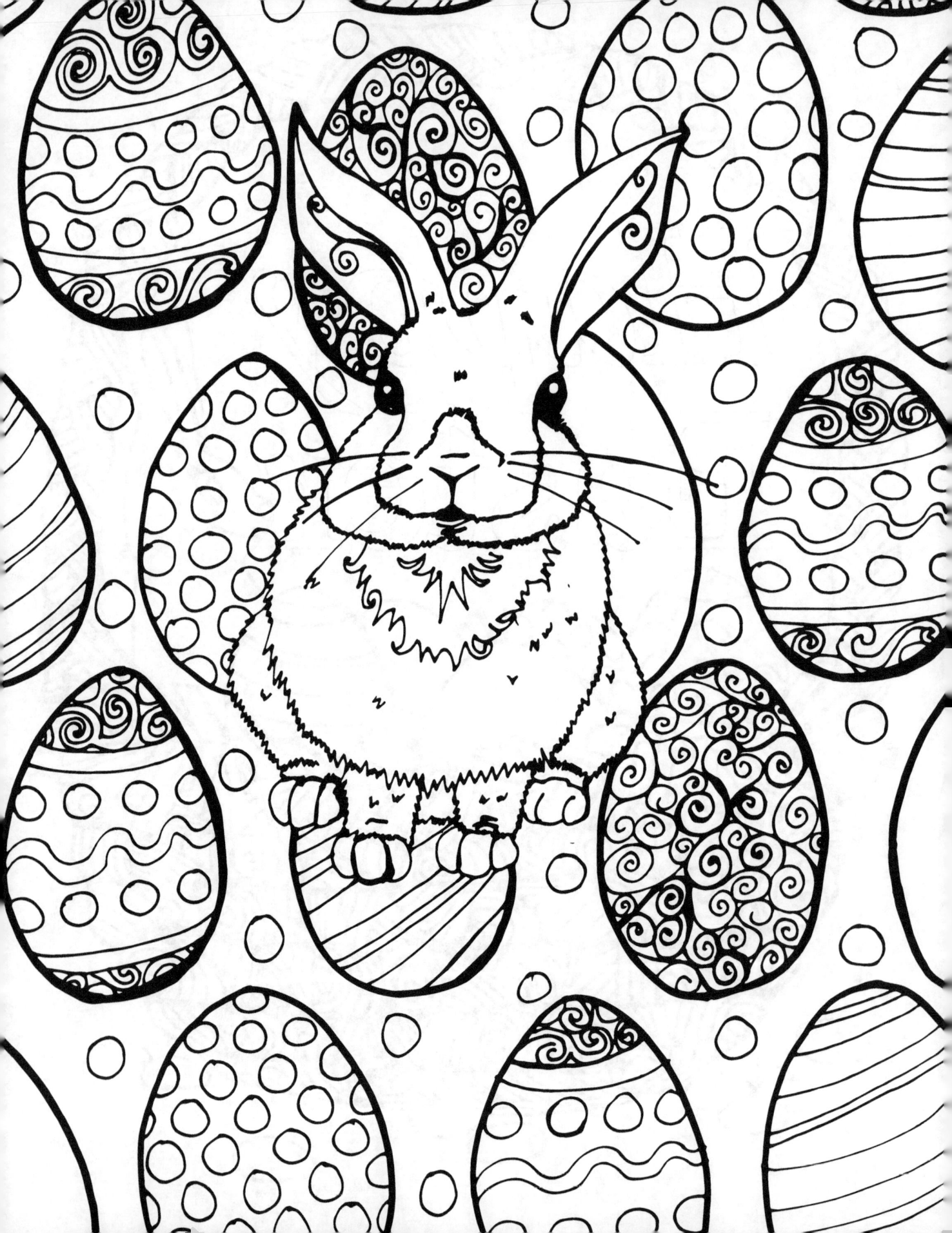

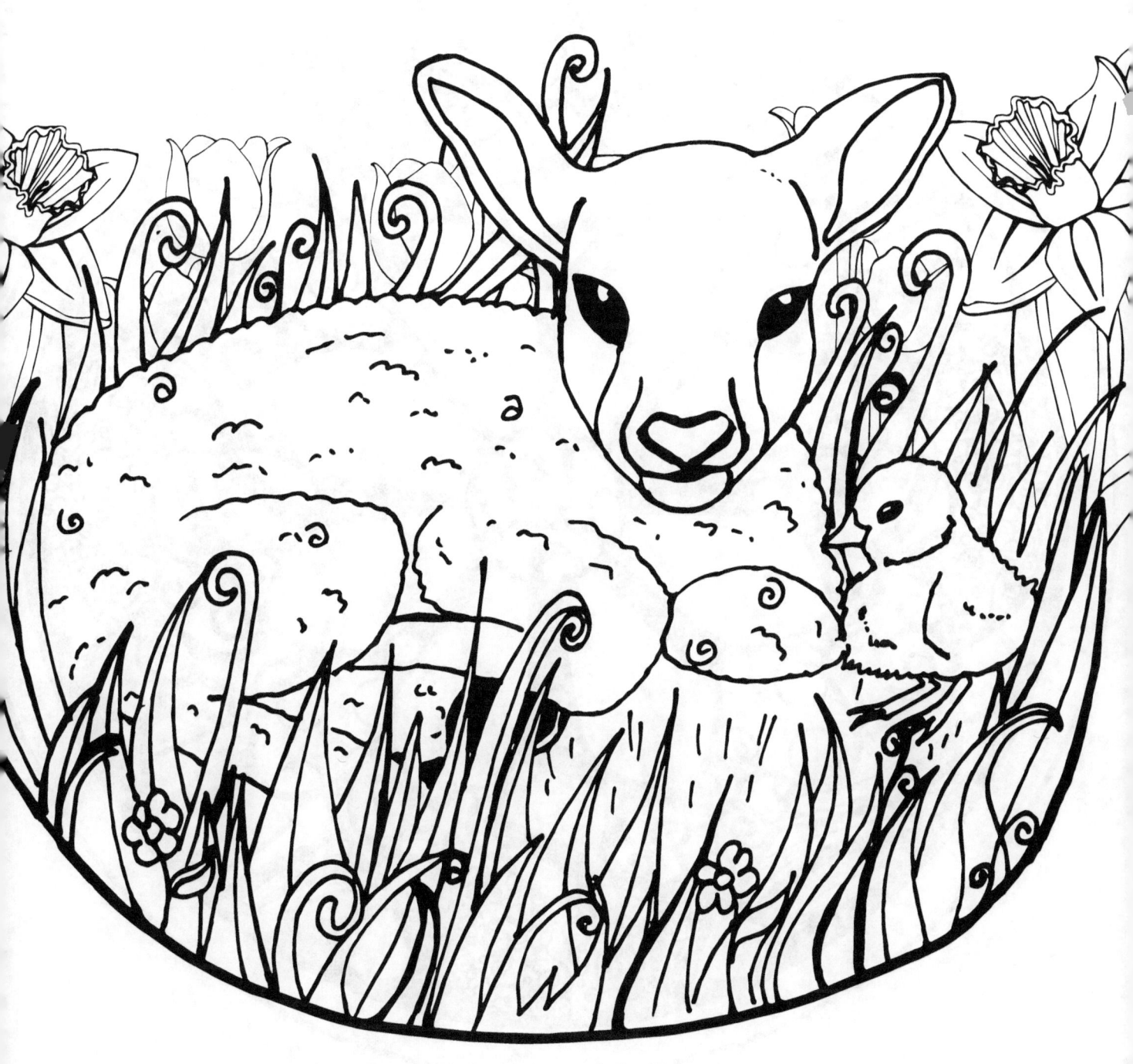

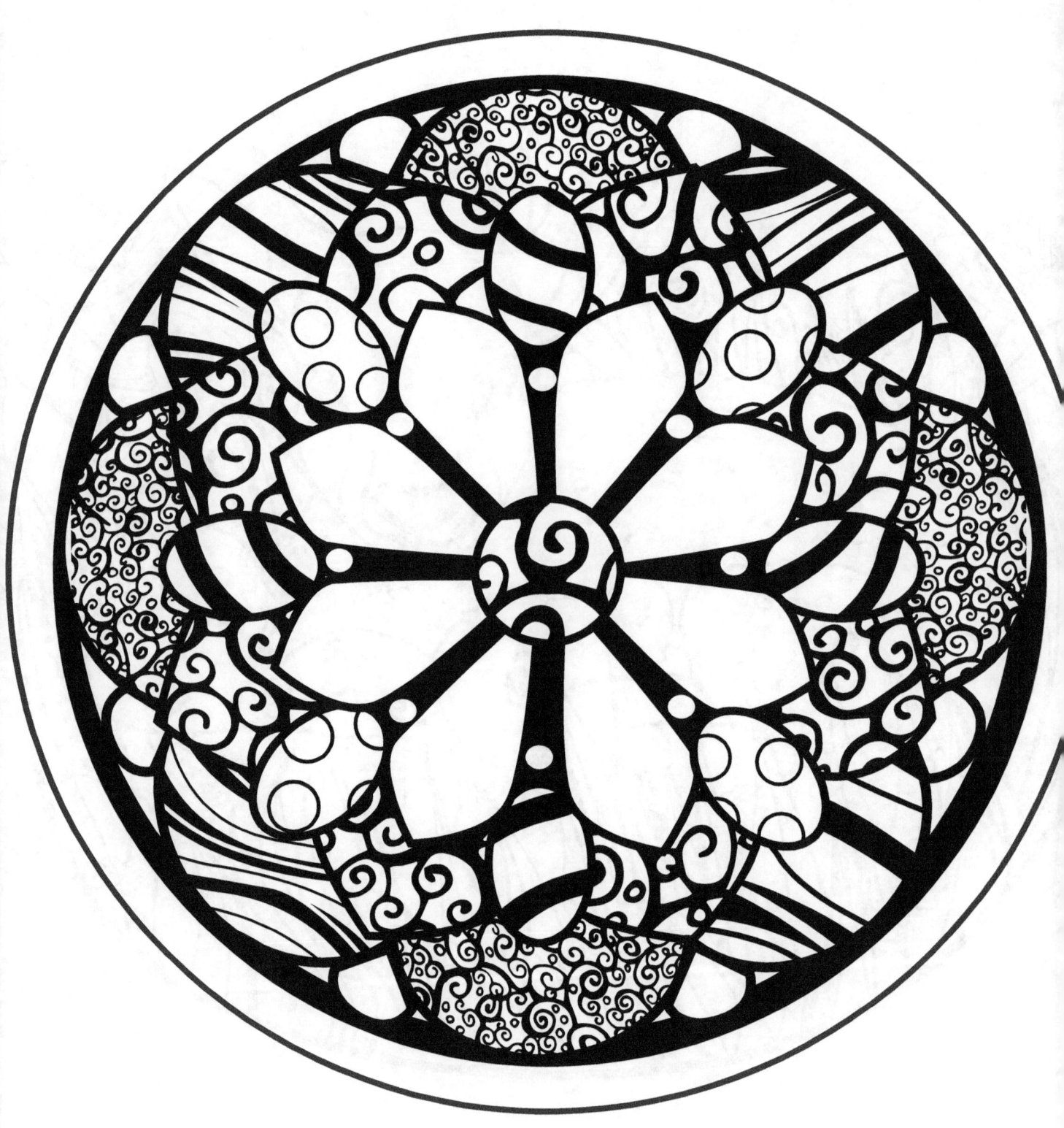

Easter

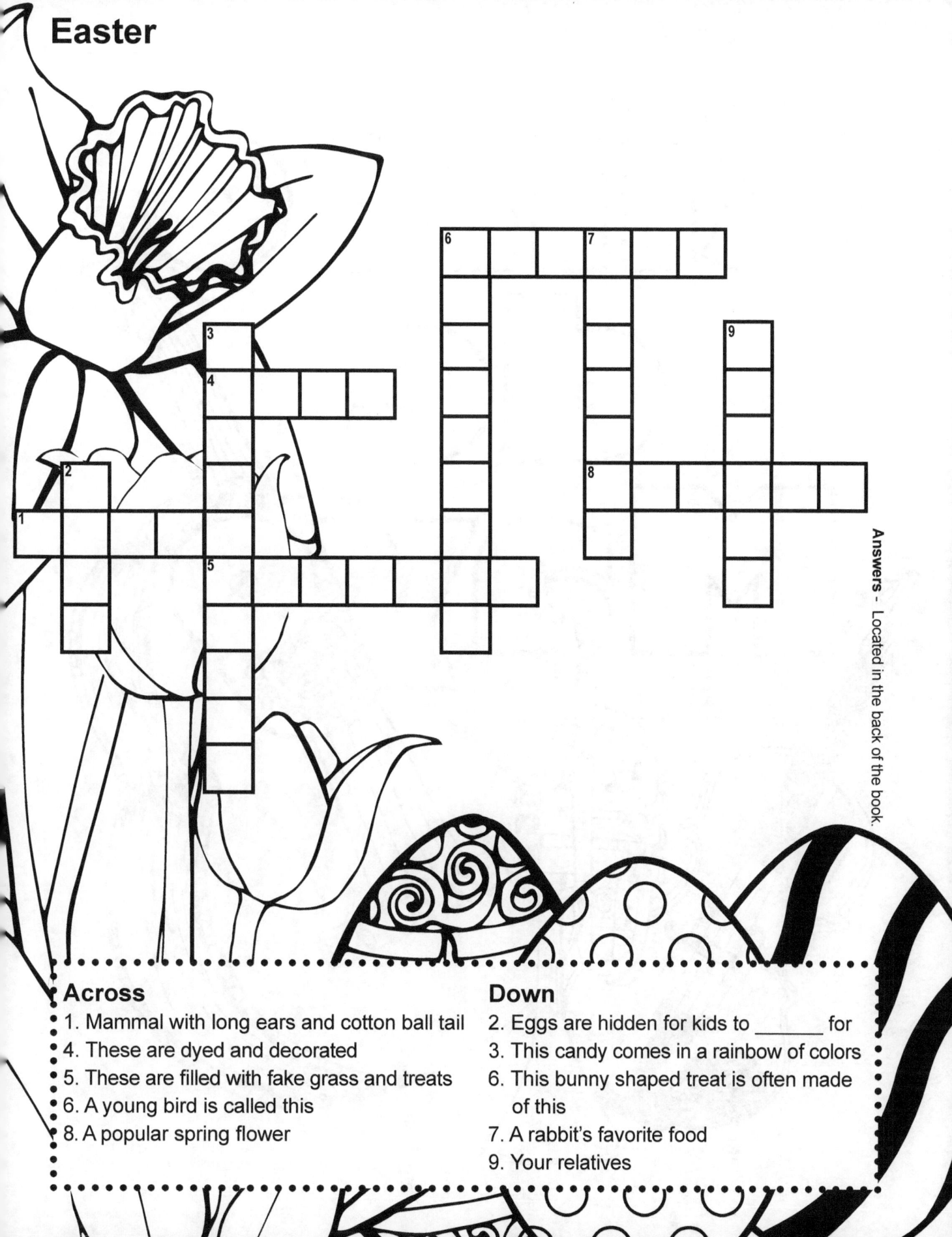

Answers - Located in the back of the book.

Across
1. Mammal with long ears and cotton ball tail
4. These are dyed and decorated
5. These are filled with fake grass and treats
6. A young bird is called this
8. A popular spring flower

Down
2. Eggs are hidden for kids to _____ for
3. This candy comes in a rainbow of colors
6. This bunny shaped treat is often made of this
7. A rabbit's favorite food
9. Your relatives

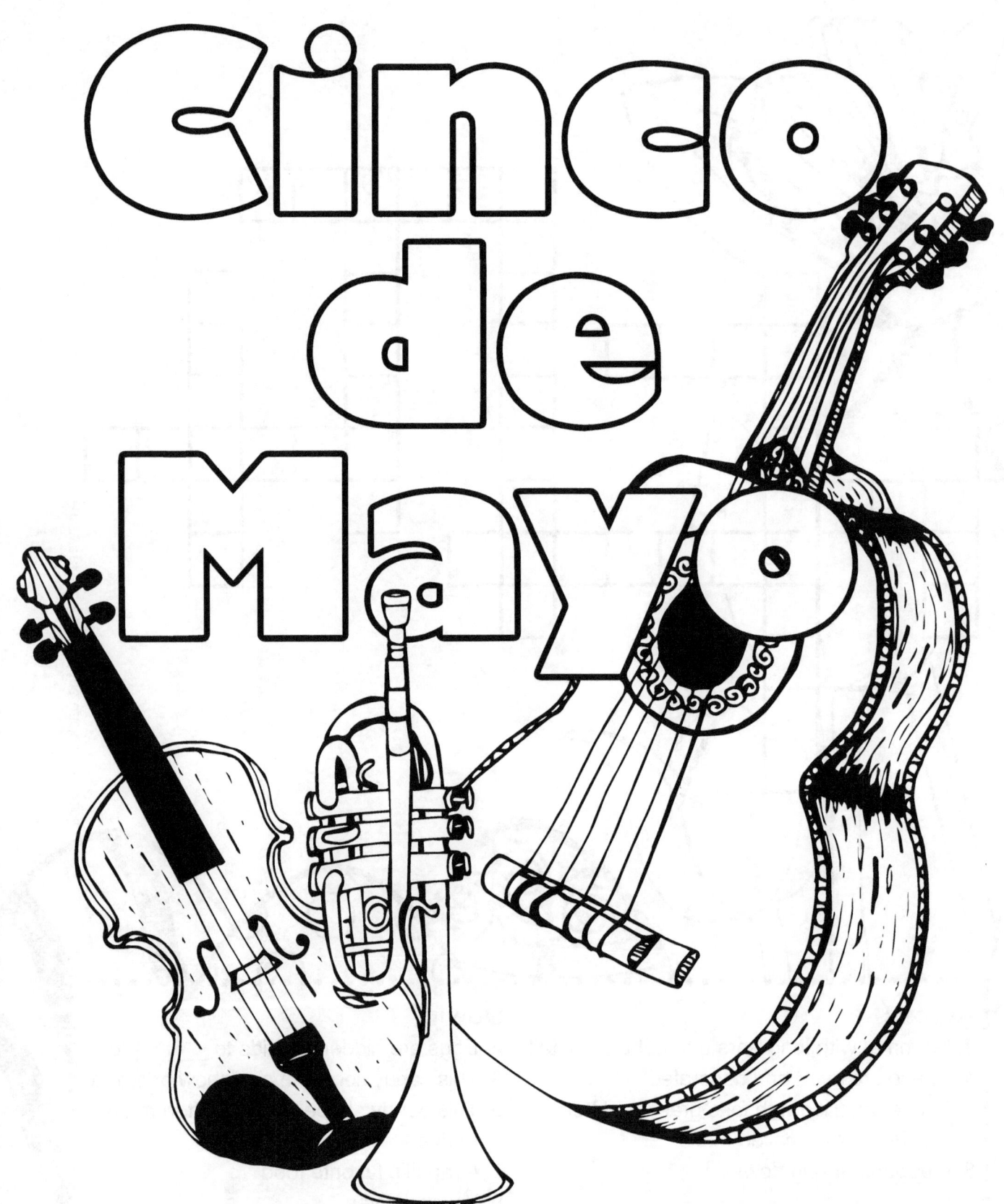

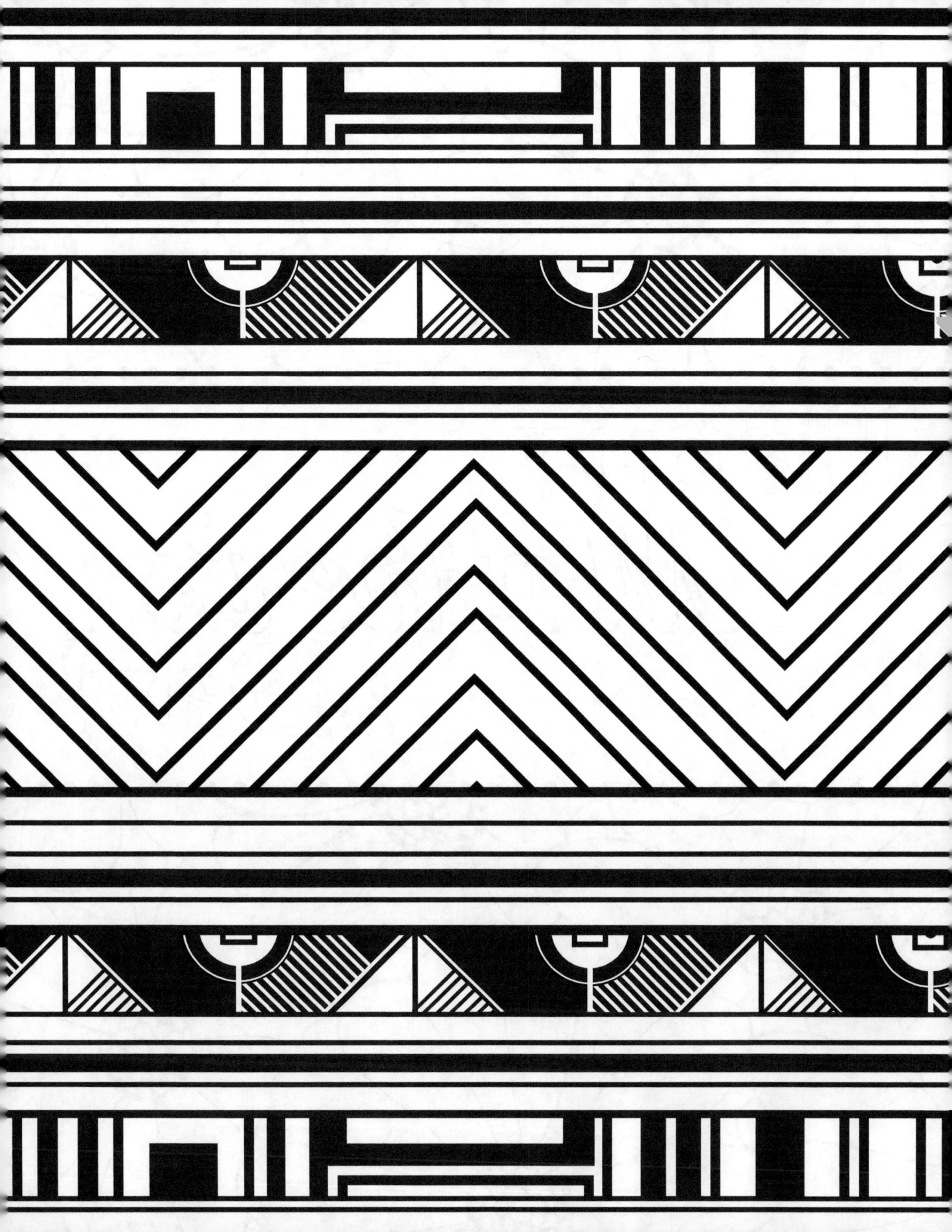

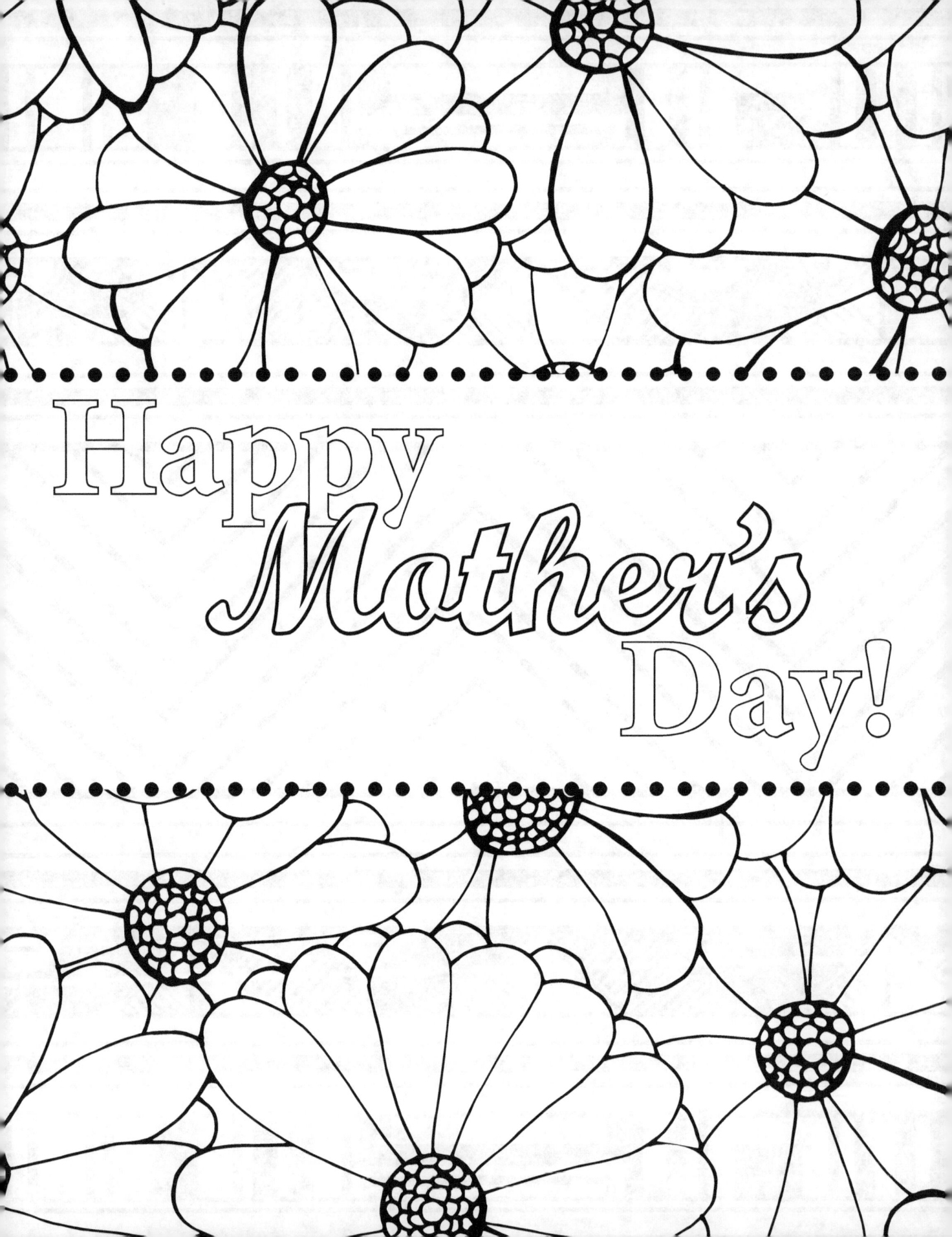

Happy Mother's Day!

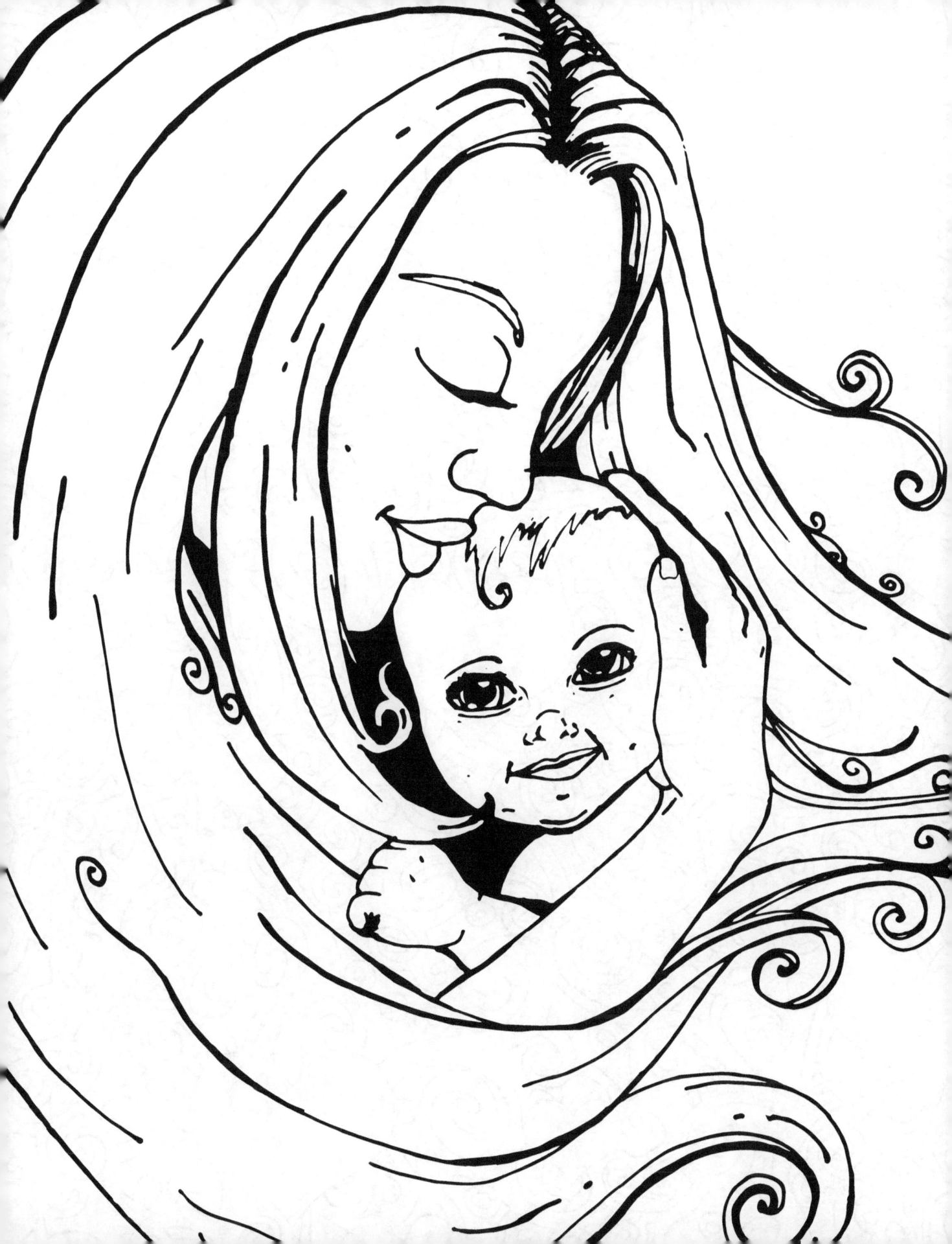

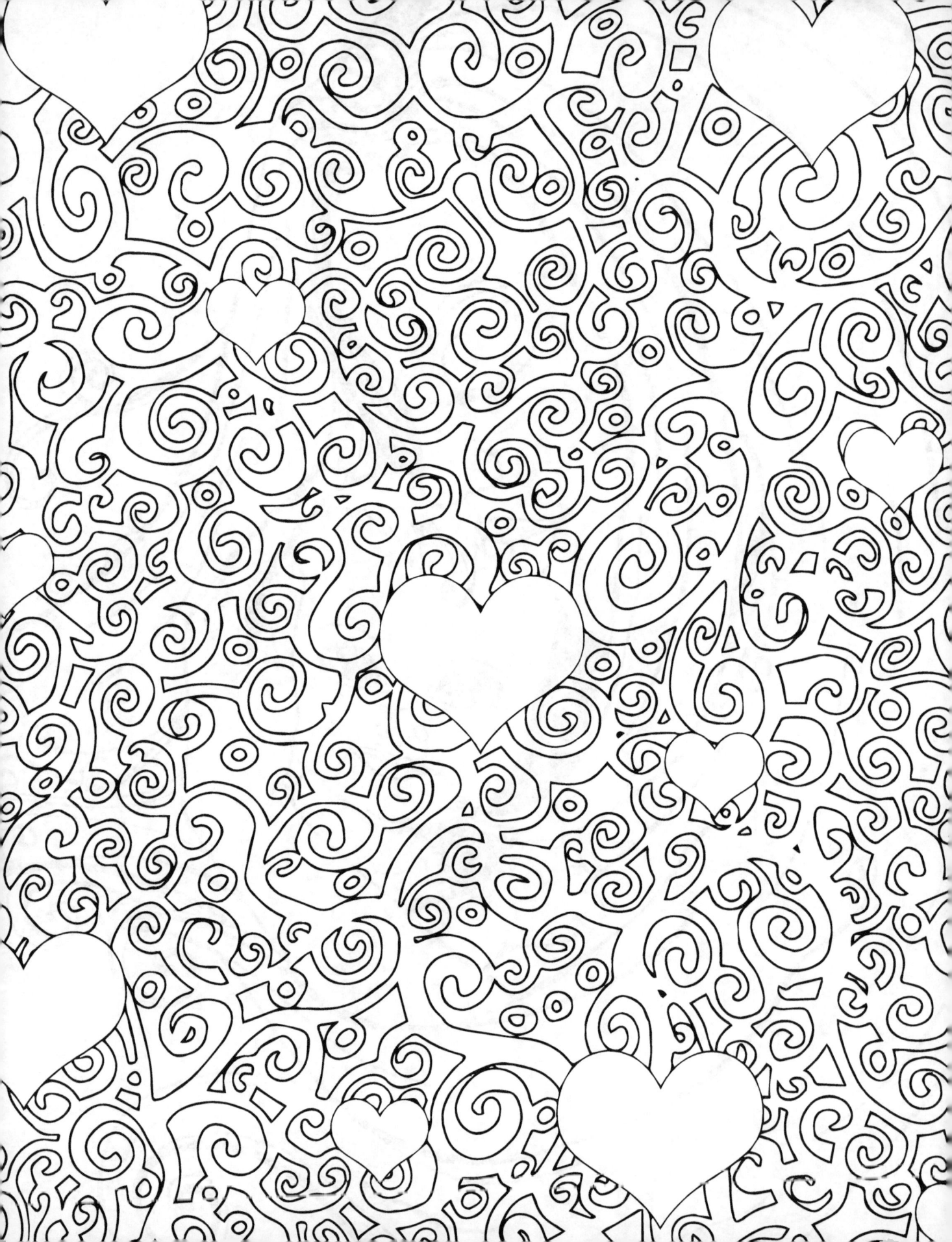

Mother's Day

Find the following words hidden below:

- Loving
- Strong
- Smart
- Nurturing
- Role Model
- Hugs
- Advice
- Supportive
- Fun
- Protective
- Family
- Laugh

```
A I P U D Y R O L B A V N O K
J S U P P O R T I V E U B R F
Q B C J Q W U X F J R N E O N
F O M P R O T E C T I V E L A
A D V I C E L A U G H L S E V
M C K Z S M A R T L T W T M D
I B H P F Z I L V O G P R O I
L K H U Z N H M R V E I A D L
Y X N X G S G L N I Q K O E O
X D G S T S T R O N G P M L J
N R T O C Y H K X G J F U M S
```

Answers - Located in the back of the book.

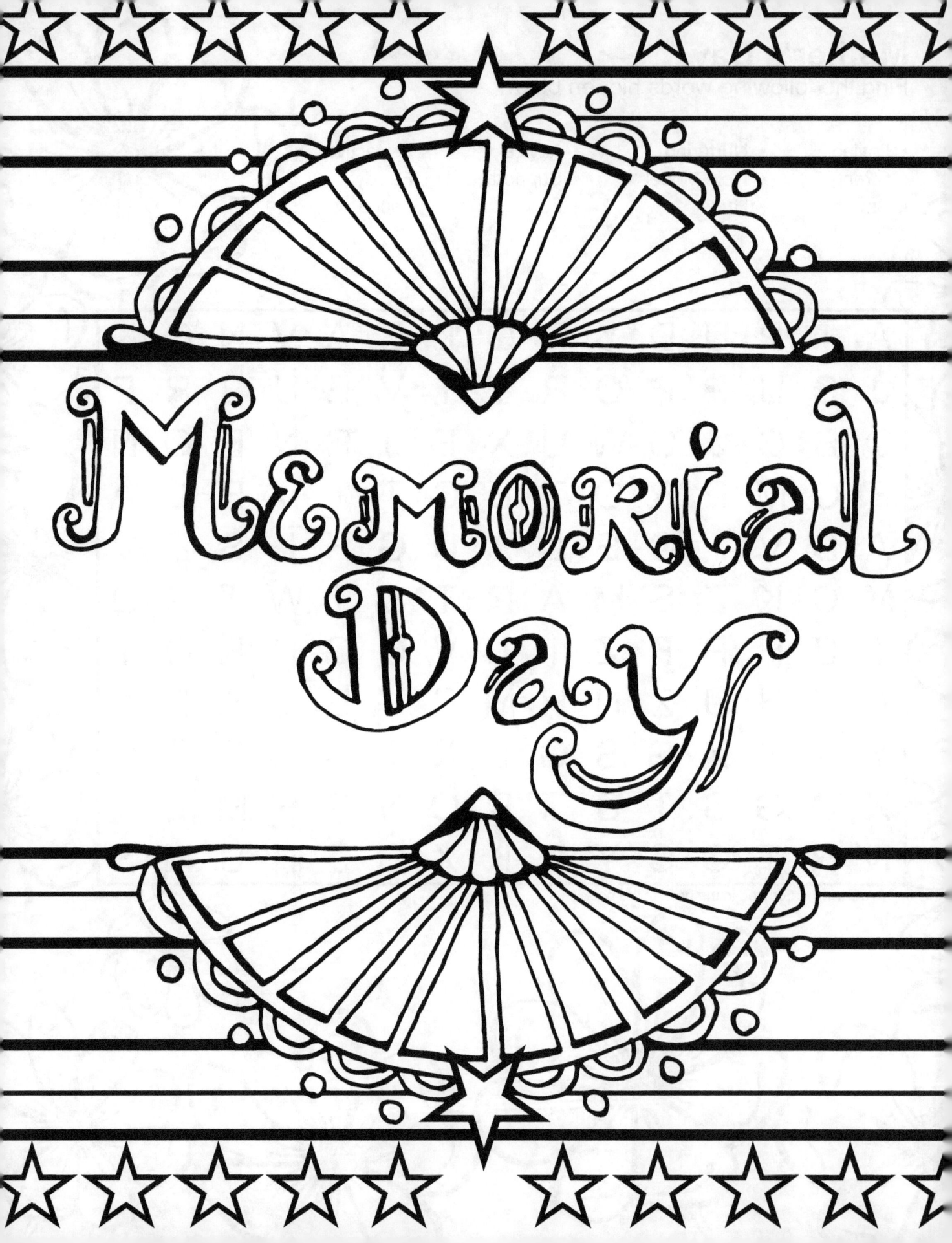

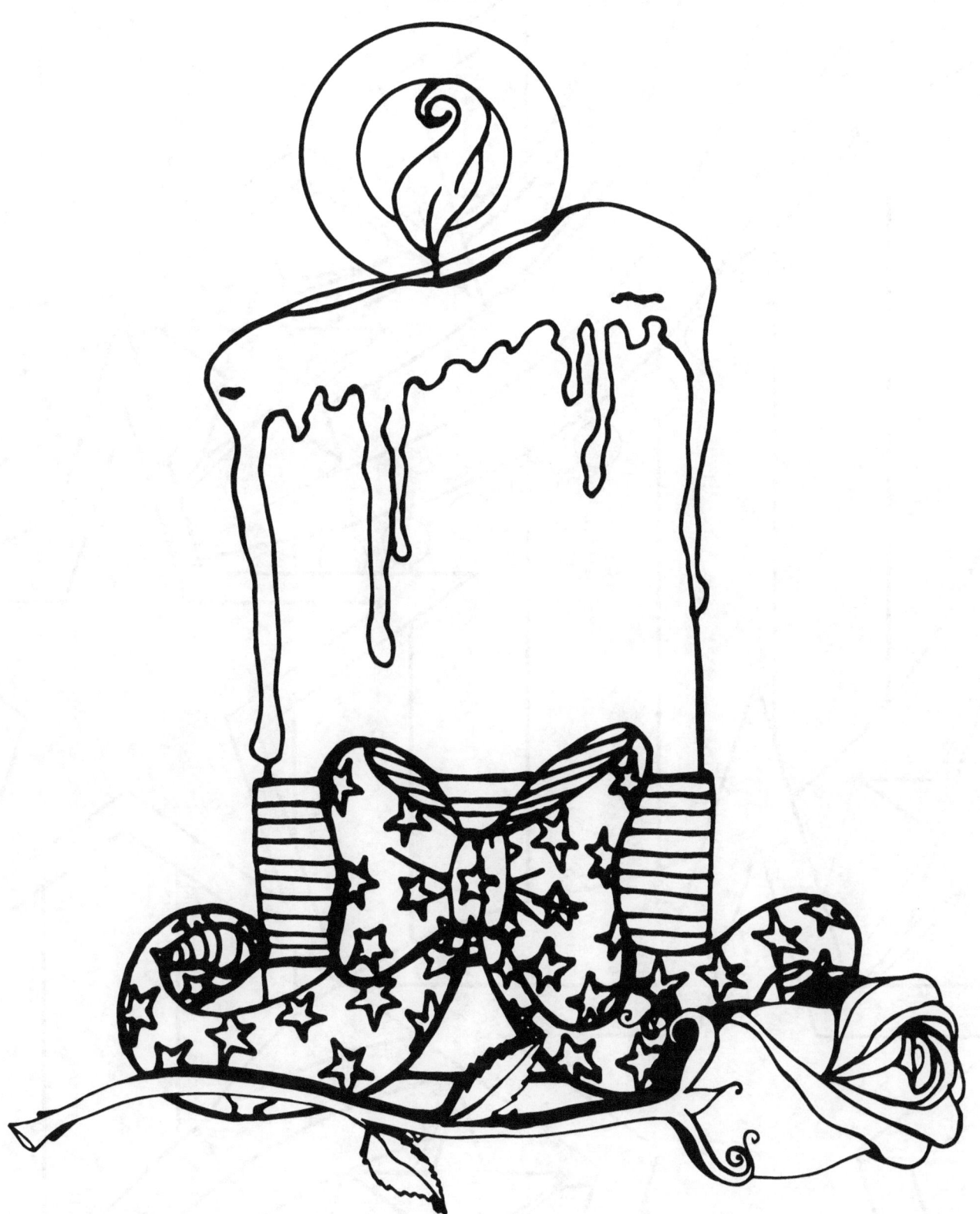

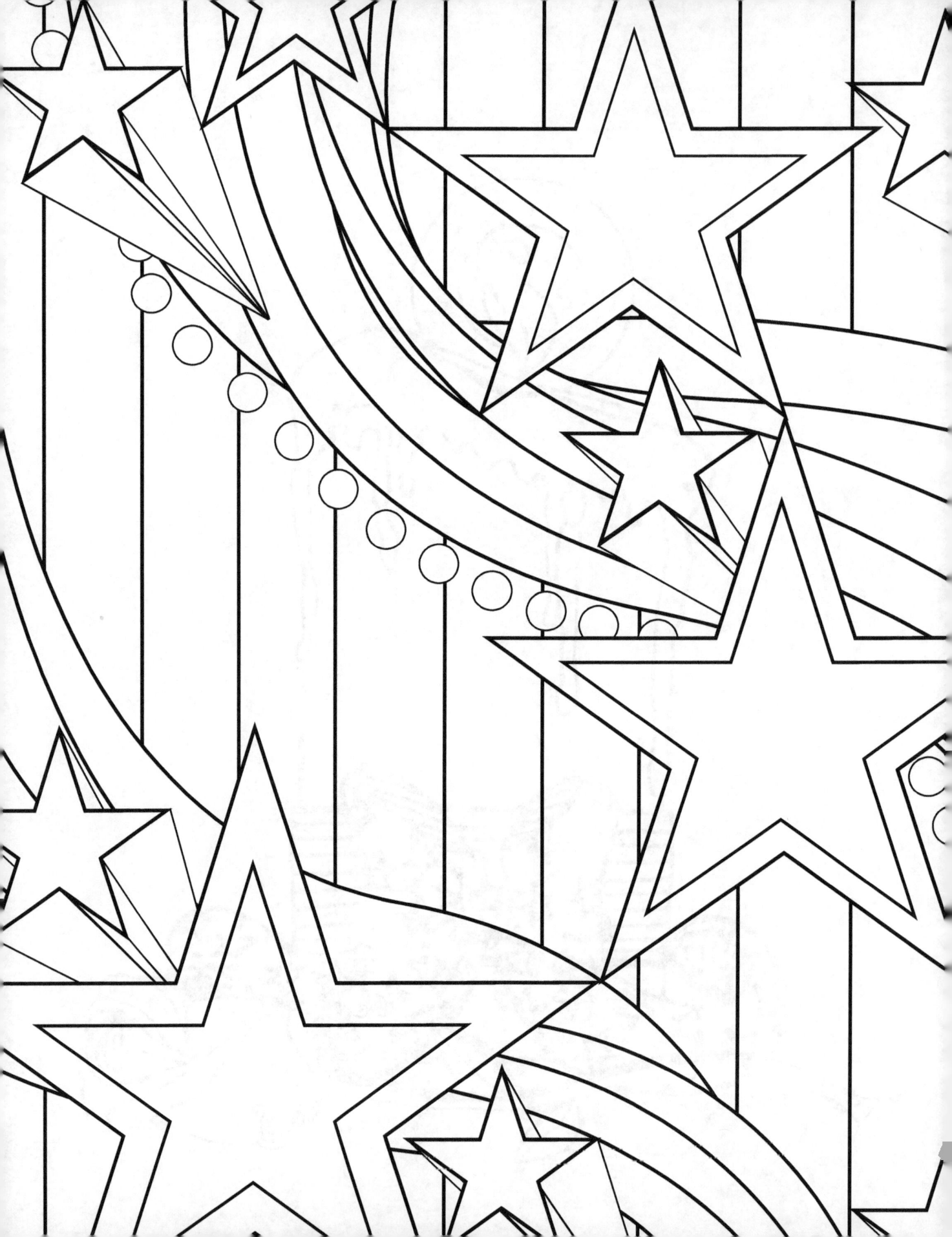

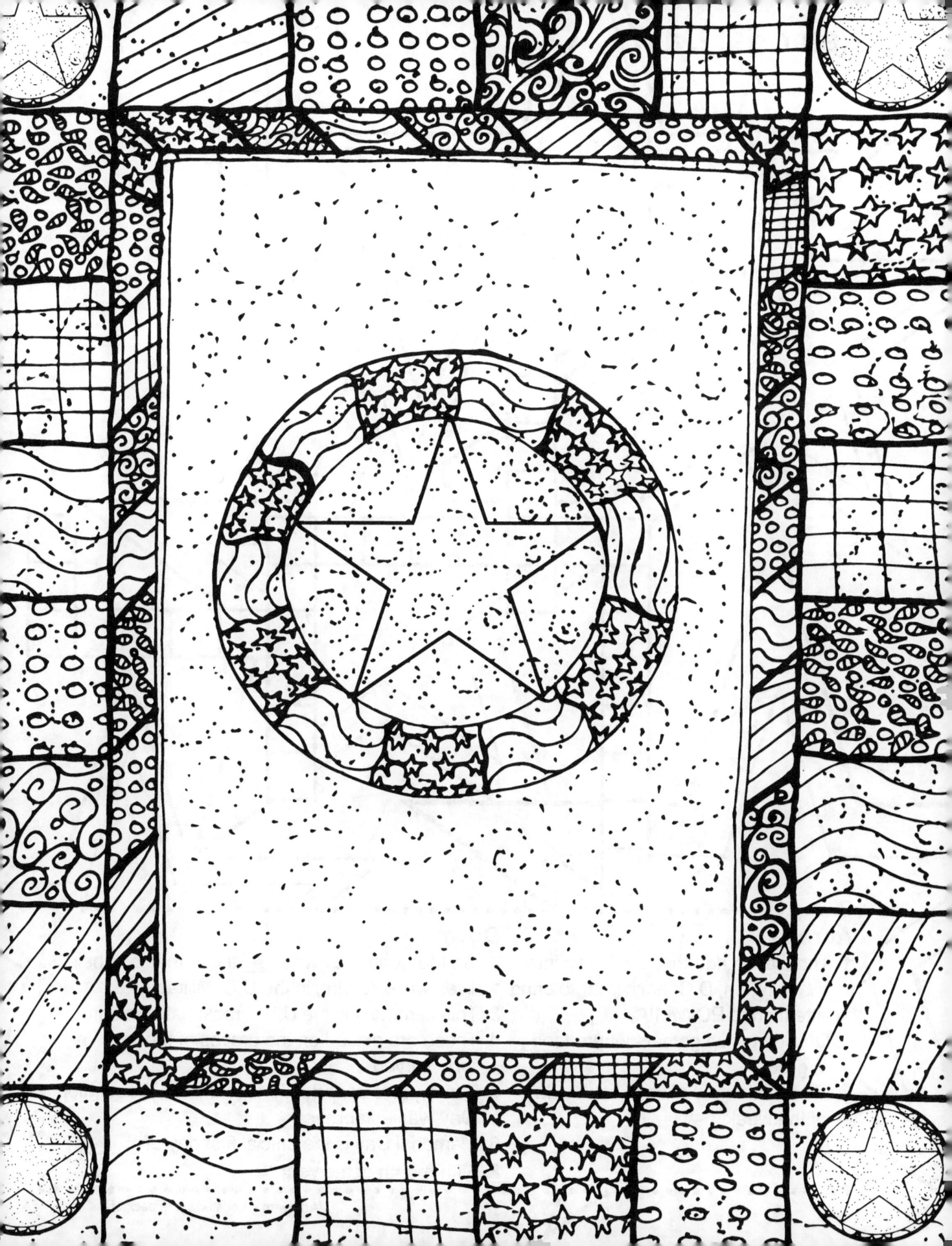

Memorial Day

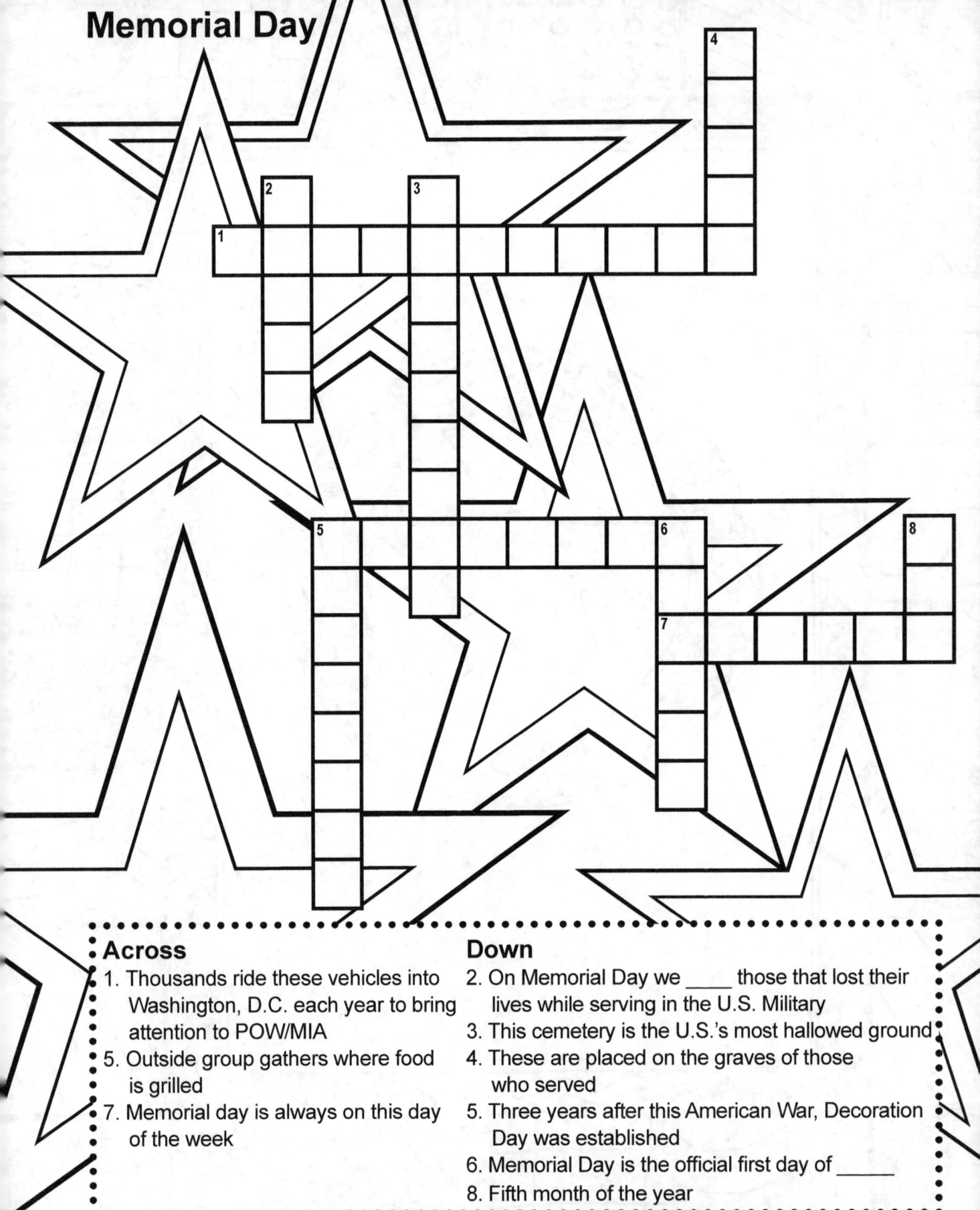

Across

1. Thousands ride these vehicles into Washington, D.C. each year to bring attention to POW/MIA
5. Outside group gathers where food is grilled
7. Memorial day is always on this day of the week

Down

2. On Memorial Day we _____ those that lost their lives while serving in the U.S. Military
3. This cemetery is the U.S.'s most hallowed ground
4. These are placed on the graves of those who served
5. Three years after this American War, Decoration Day was established
6. Memorial Day is the official first day of _____
8. Fifth month of the year

Answers - Located in the back of the book.

Summer!

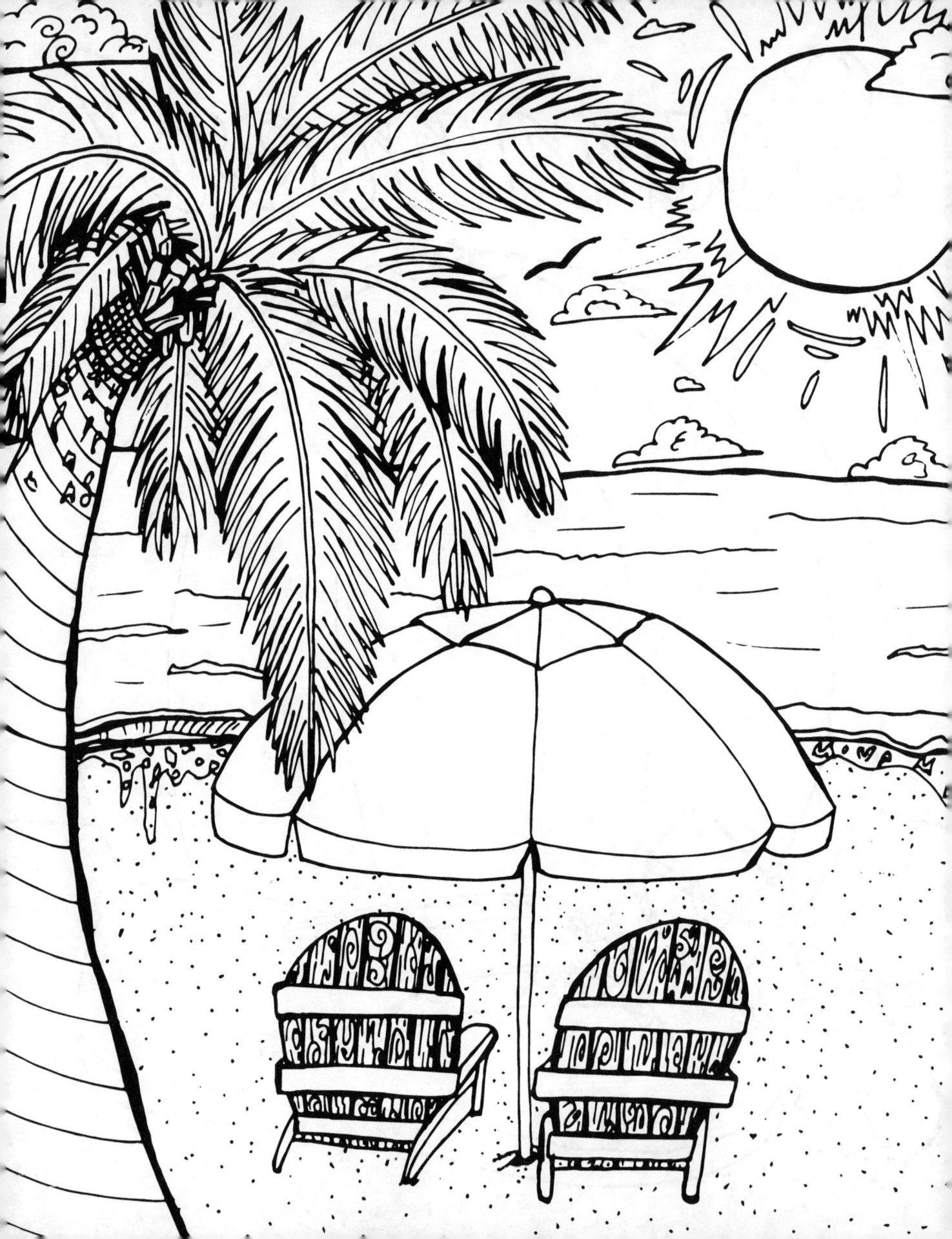

Beach Object Find

Find the following objects hidden below:

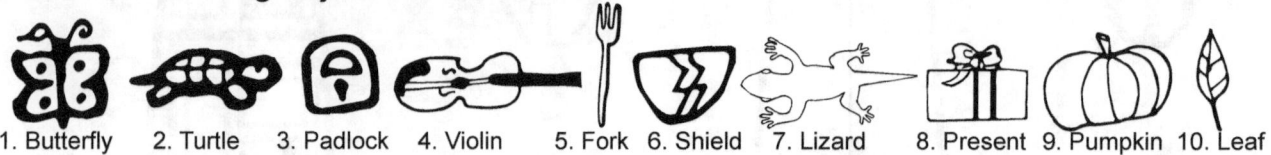

1. Butterfly 2. Turtle 3. Padlock 4. Violin 5. Fork 6. Shield 7. Lizard 8. Present 9. Pumpkin 10. Leaf

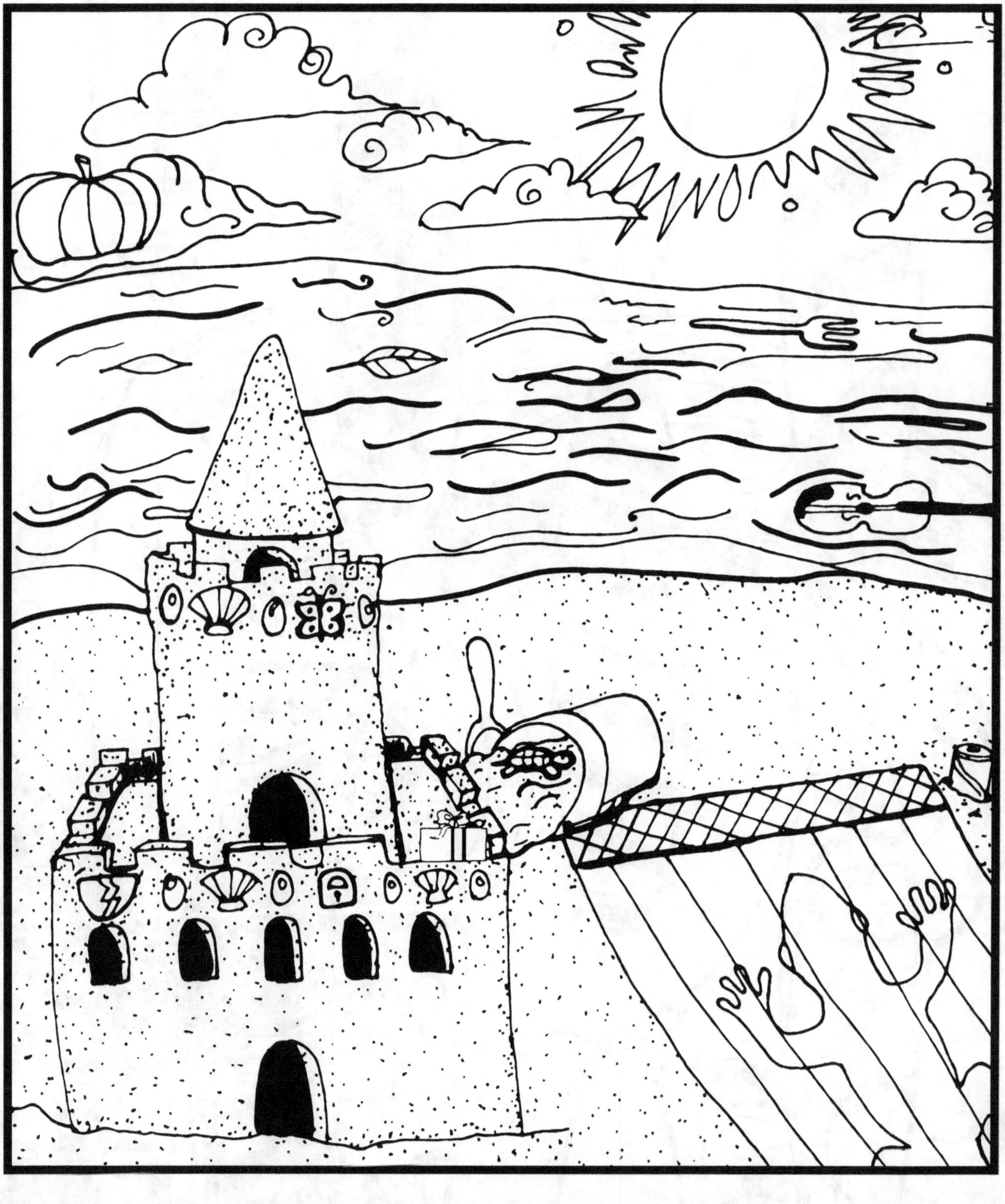

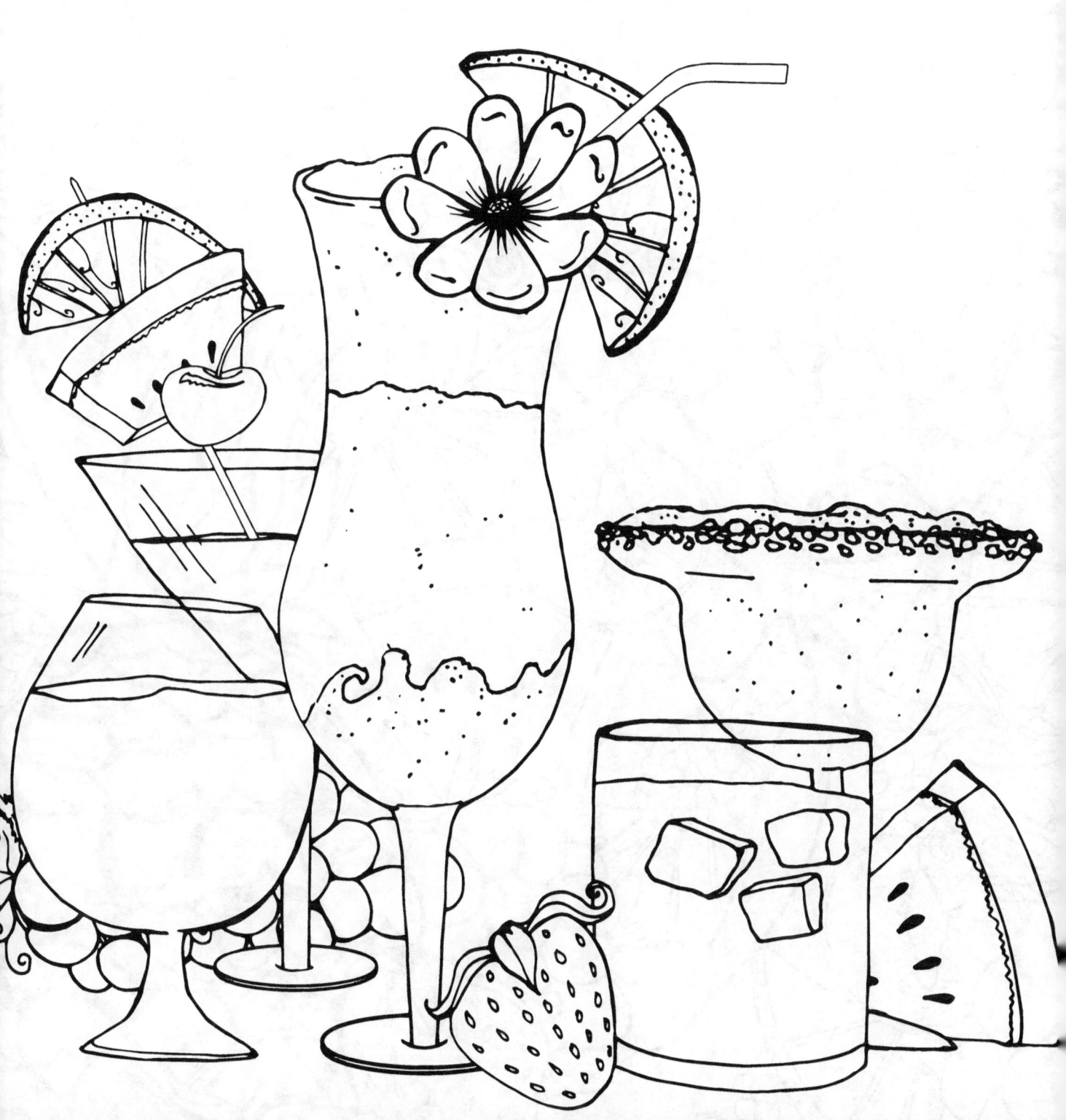

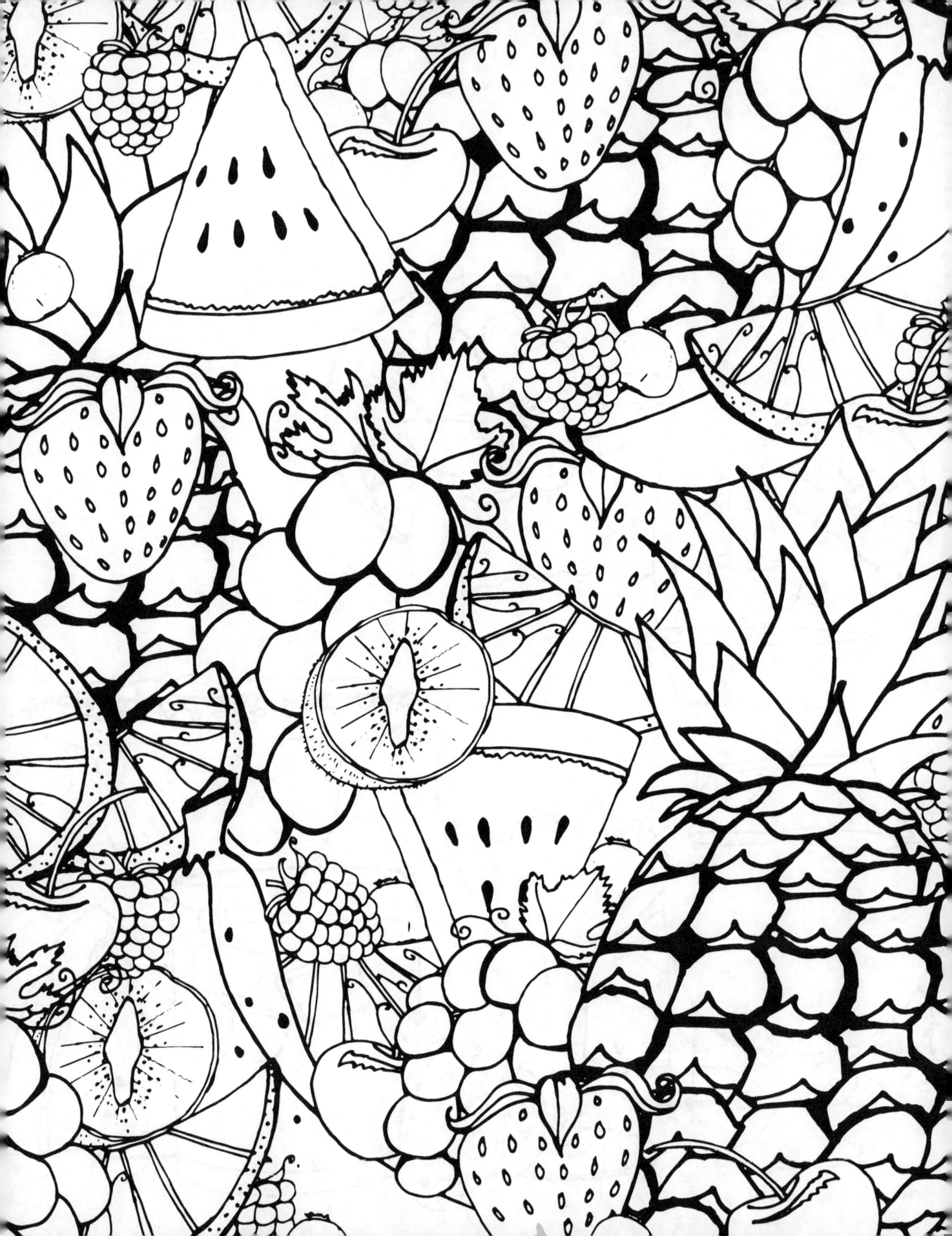

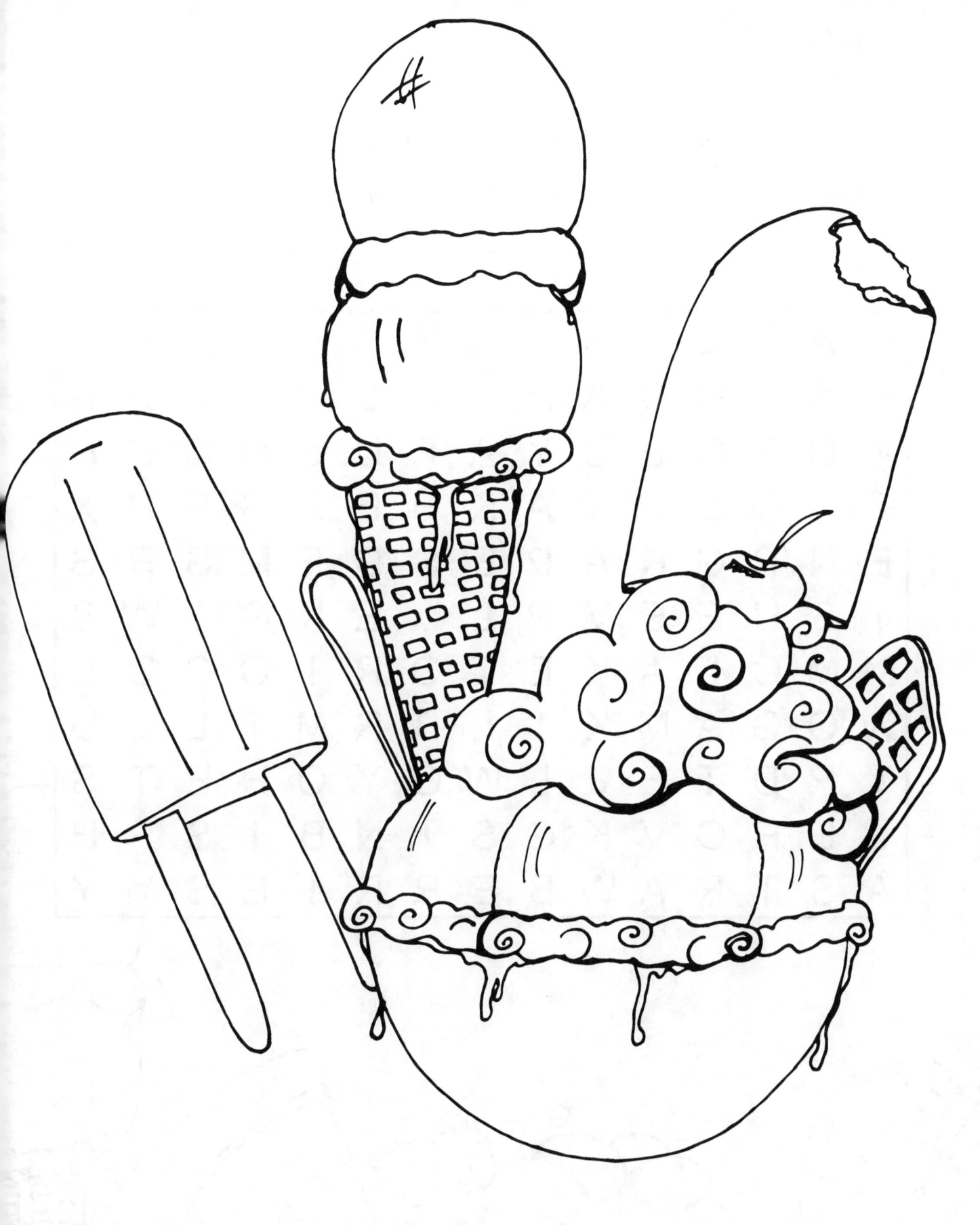

Treats

Find the following words hidden below:

- Ice Cream
- Popsicles
- Watermelon
- Gelato
- Strawberries
- Smoothie
- Blueberry
- S'mores
- Grapes
- Kiwi
- Cantaloupe
- Slushy

Answers - Located in the back of the book.

```
W A T E I A J A S B L U X C A
B A E G C A N T A L O U P E H
I O T Q E U Y A F U J N O C N
Z J Q E C X A K H E Z S P H X
E N P G R A P E S B F M S R S
I S U E E M P L V E K O I W S
M M C L A K E T O R I O C D L
W O G A M K I L B R M T L L U
Y R D T E J L W O Y O H E T S
L E R O V K G S I N B I S P H
A S T R A W B E R R I E S M Y
```

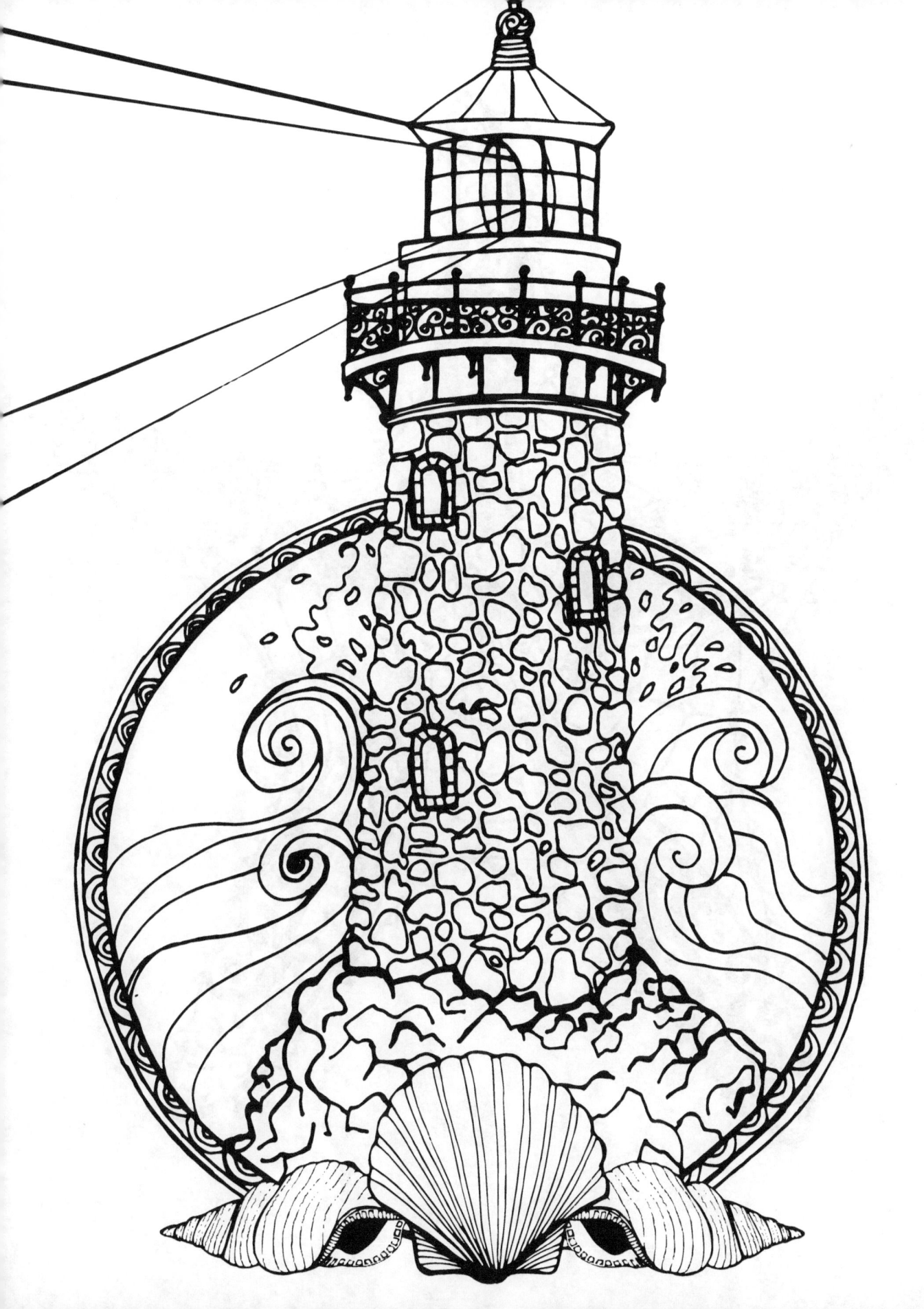

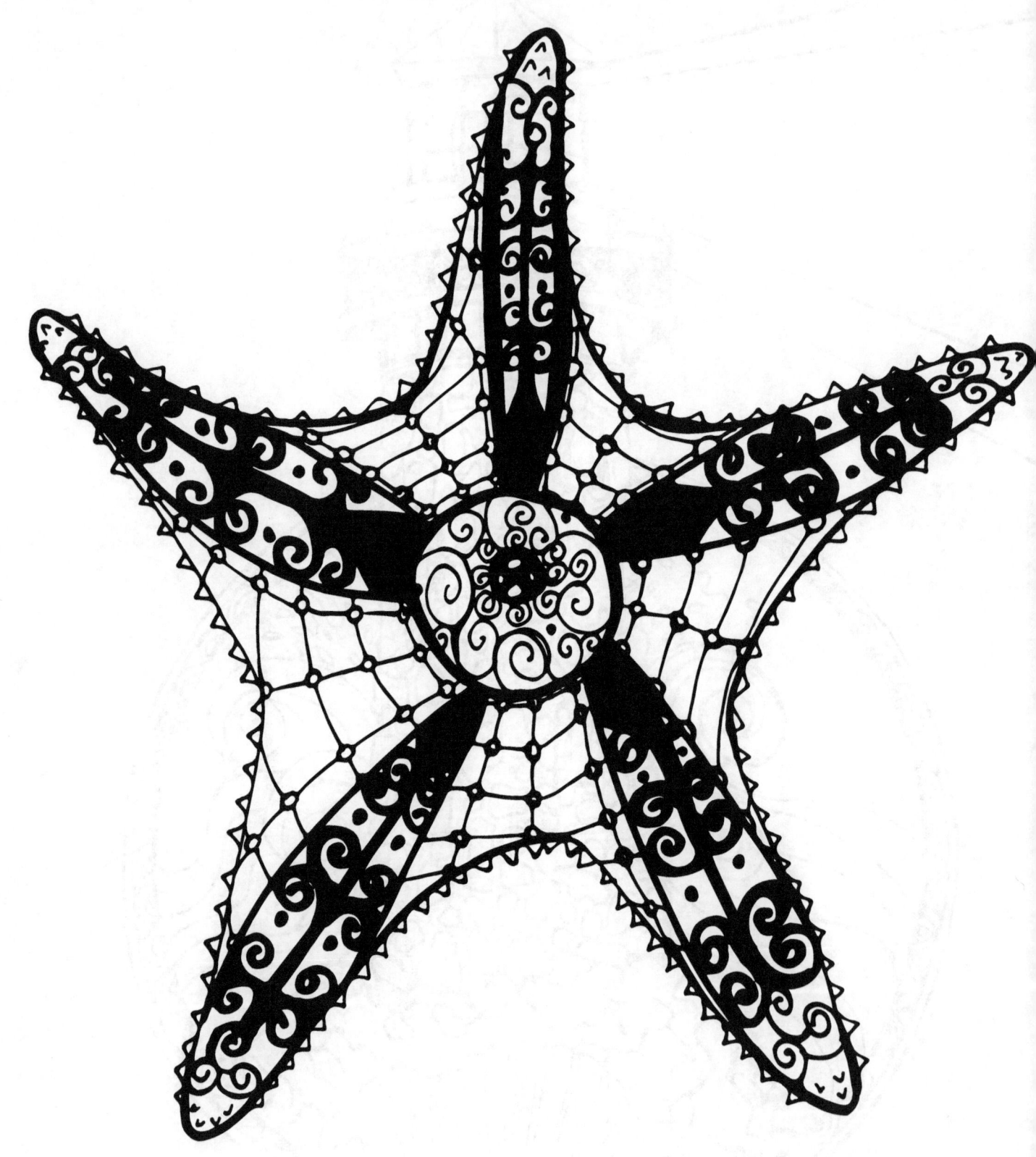

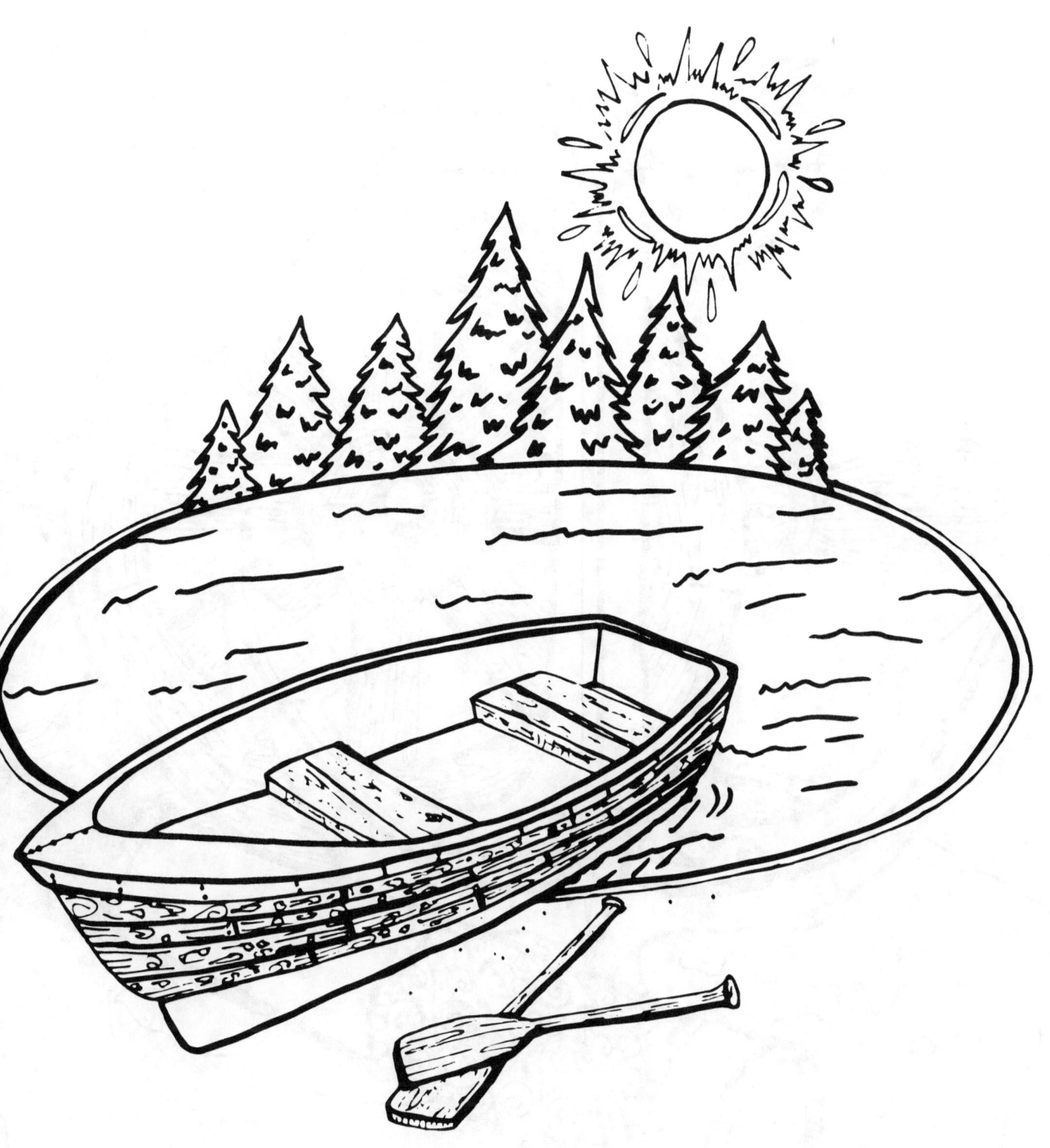

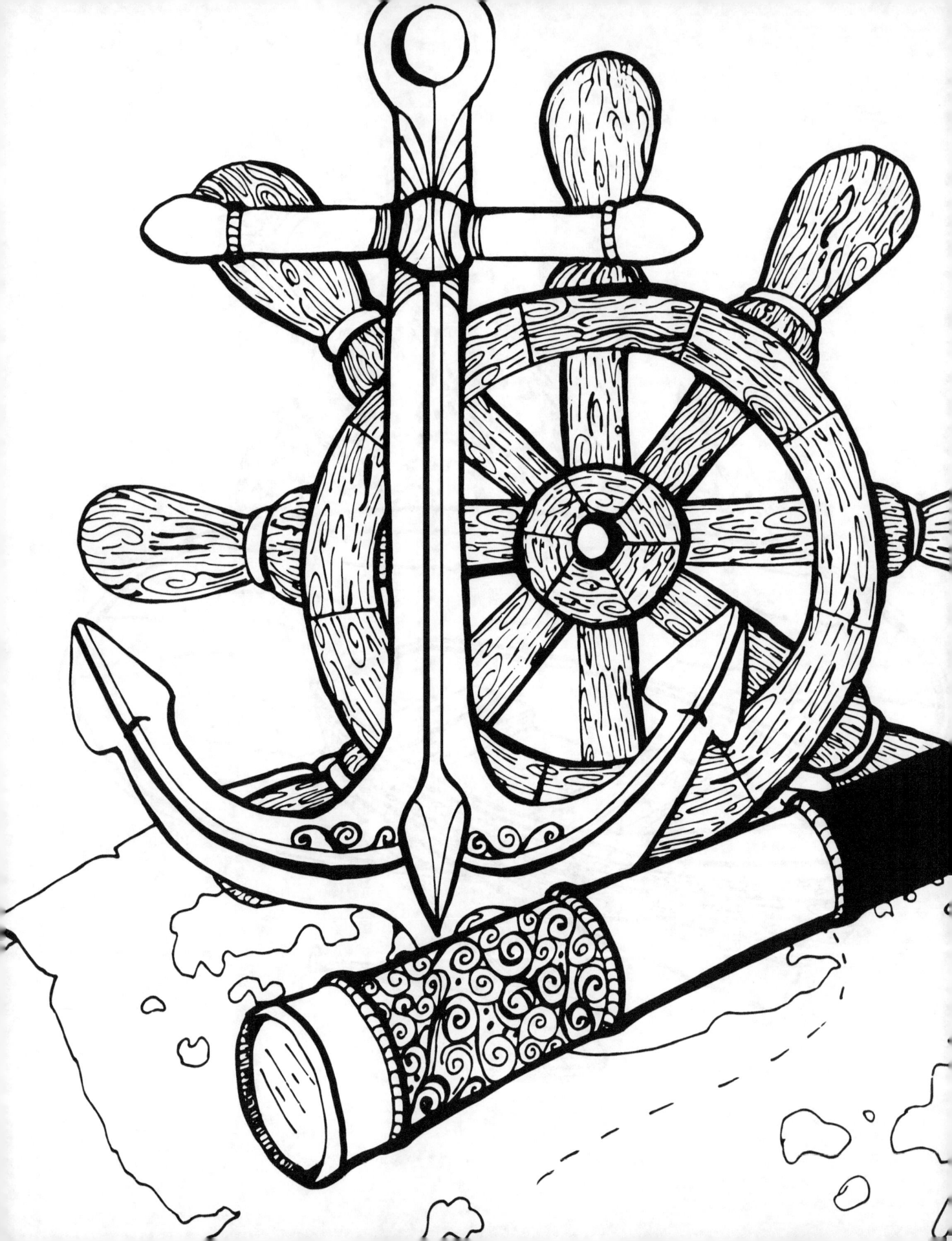

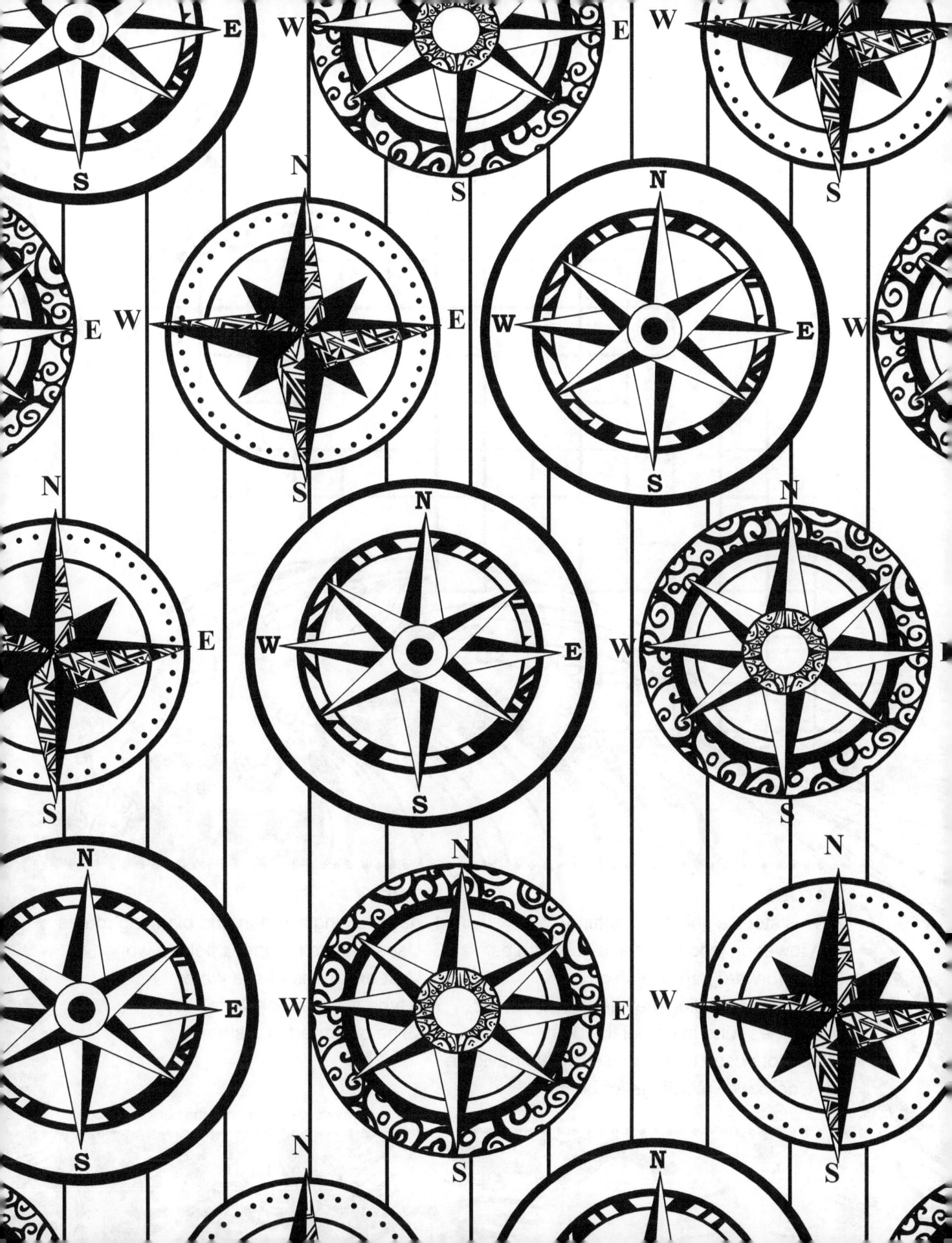

Nautical

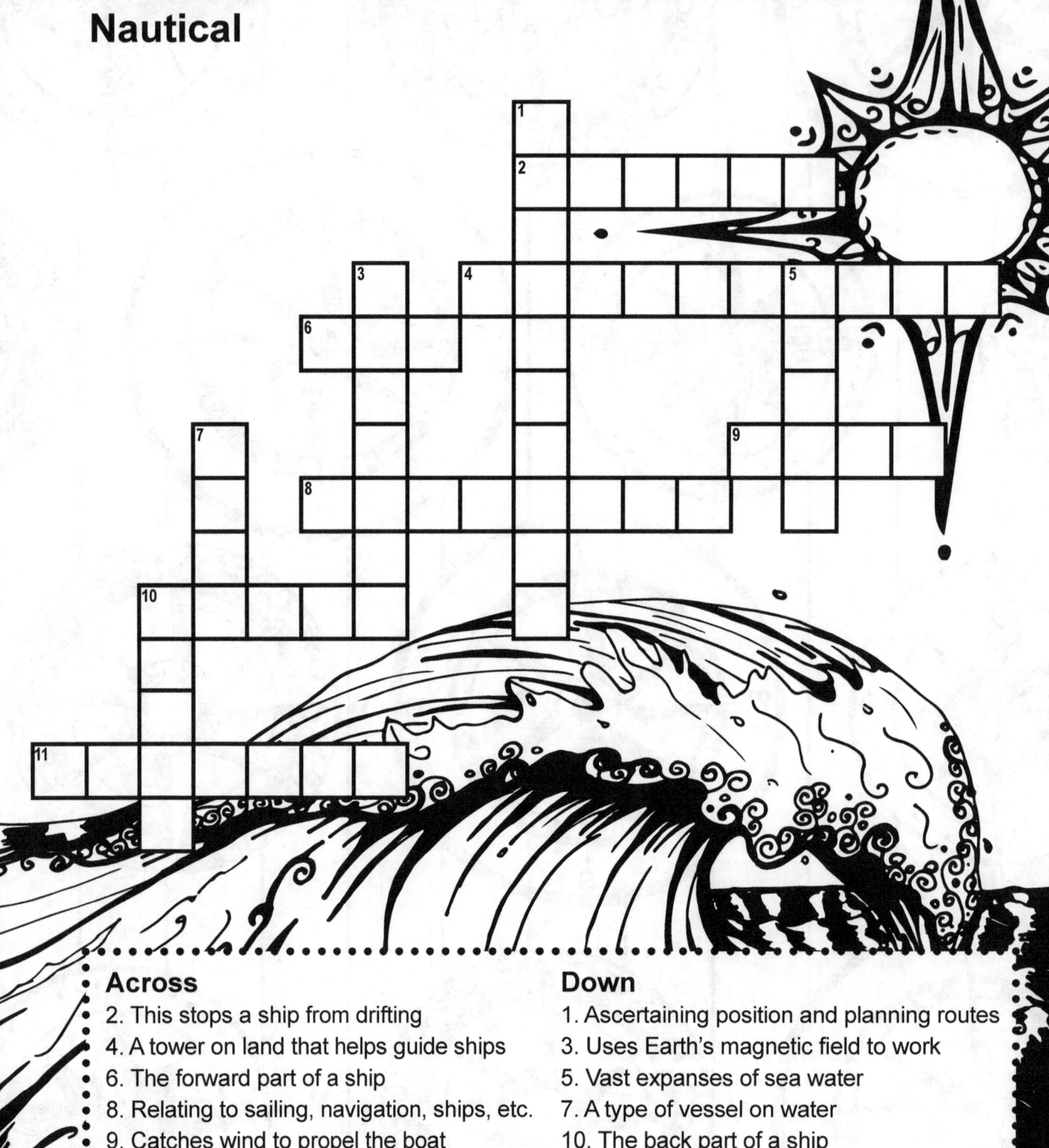

Across
2. This stops a ship from drifting
4. A tower on land that helps guide ships
6. The forward part of a ship
8. Relating to sailing, navigation, ships, etc.
9. Catches wind to propel the boat
10. Sailors used to use these to help navigate
11. Docks with moorings for boats

Down
1. Ascertaining position and planning routes
3. Uses Earth's magnetic field to work
5. Vast expanses of sea water
7. A type of vessel on water
10. The back part of a ship

Answers - Located in the back of the book.

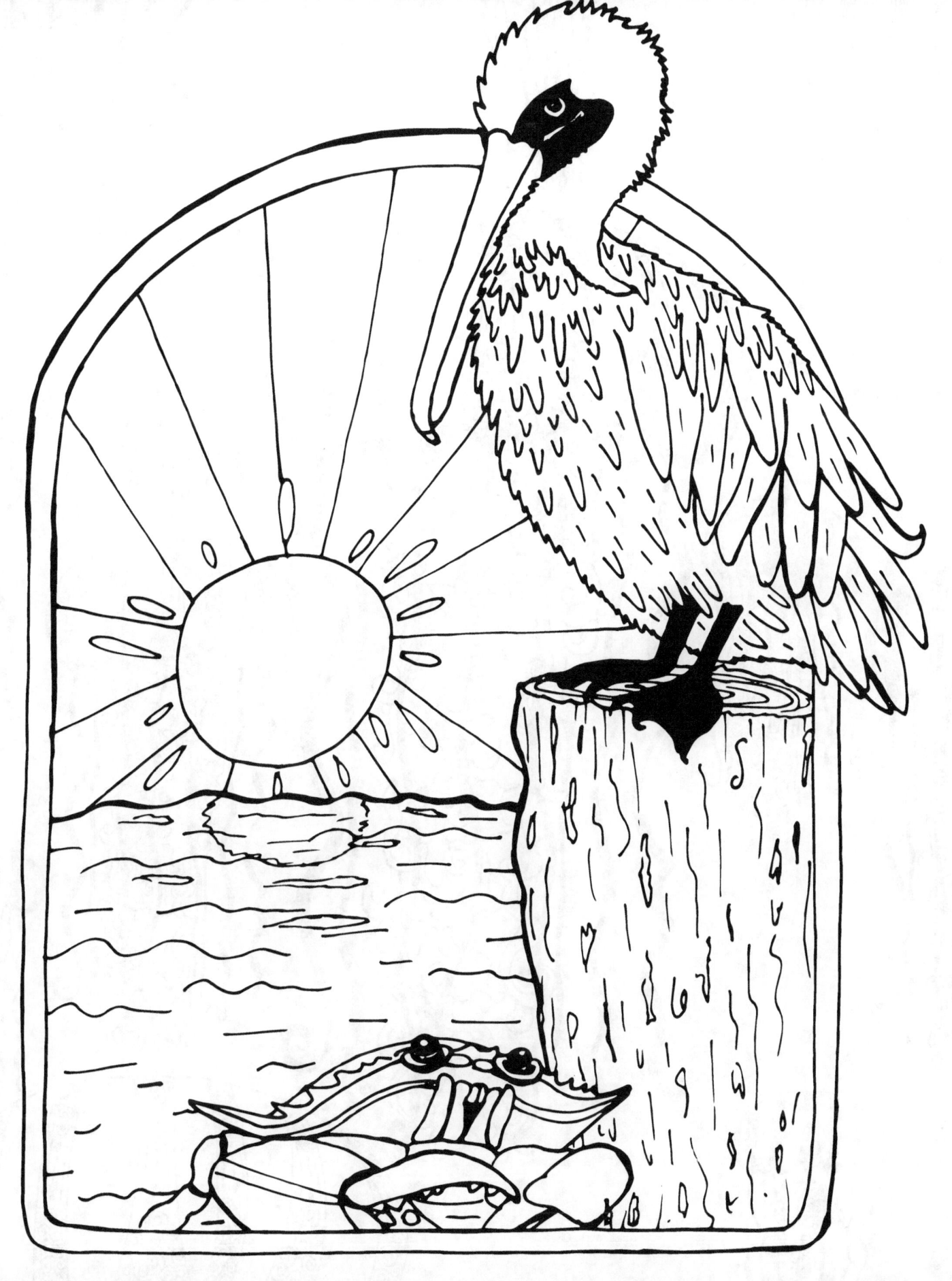

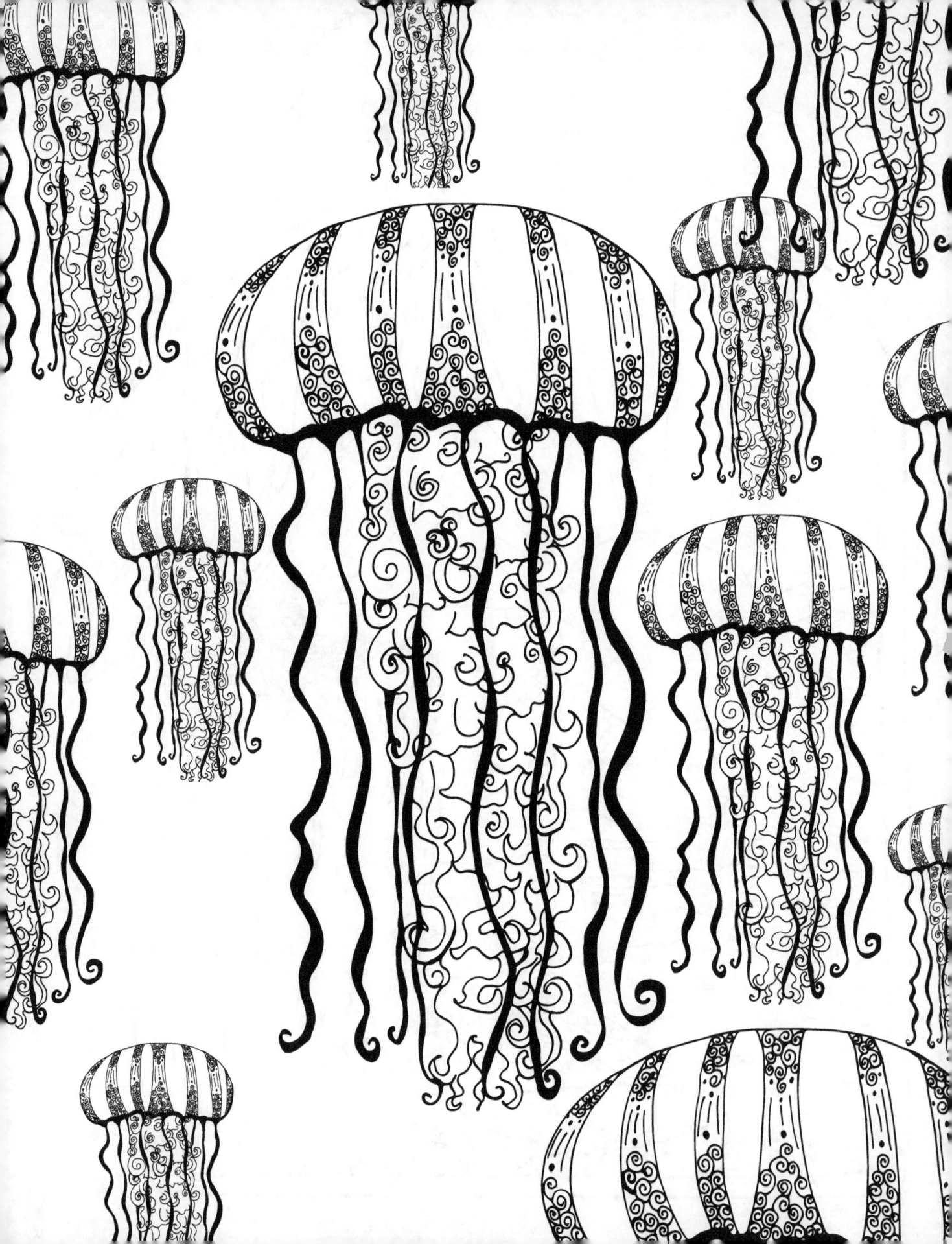

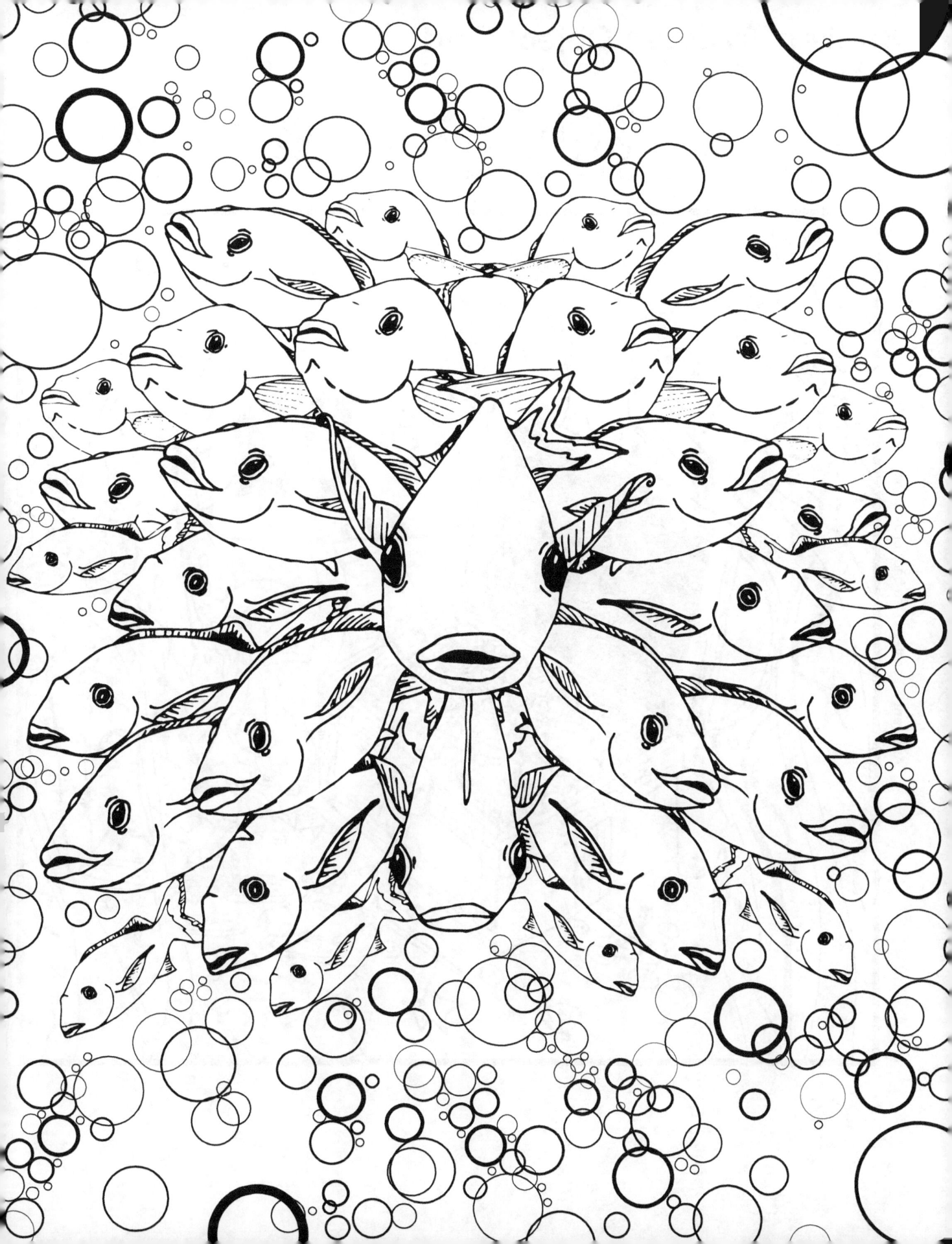

Sunken Treasure Object Find

Find the following objects hidden below:

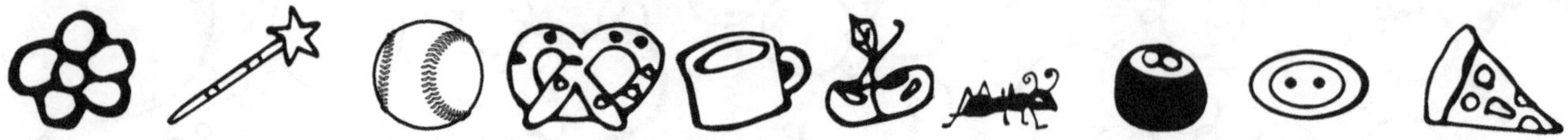

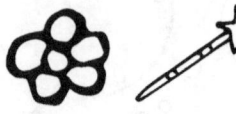 1. Flower 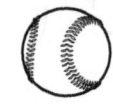 2. Magic Wand  3. Baseball 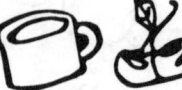 4. Pretzel 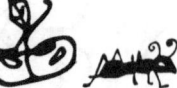 5. Mug  6. Cherries 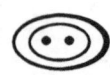 7. Ant 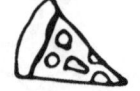 8. Eight Ball 9. Button 10. Pizza Slice

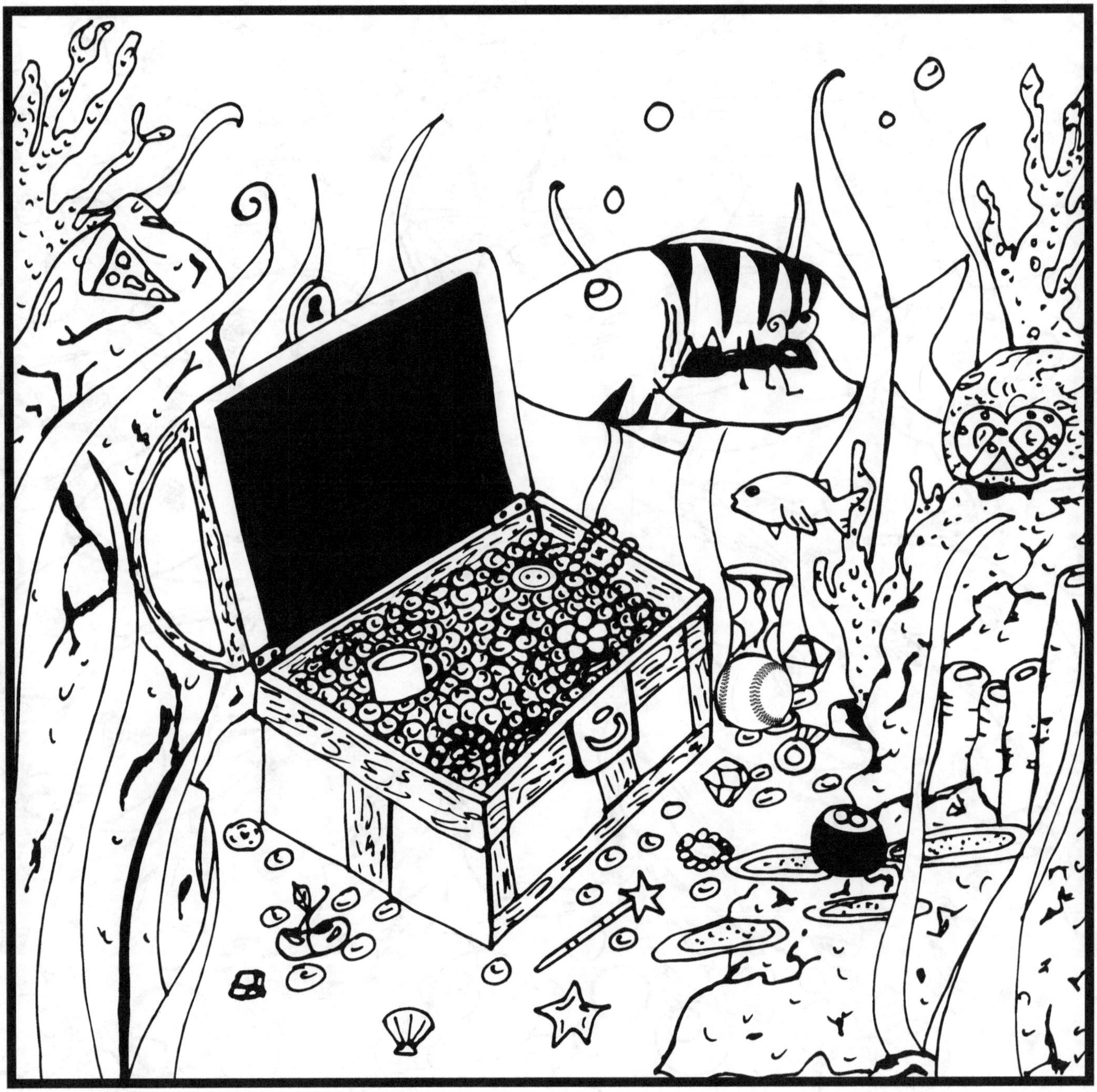

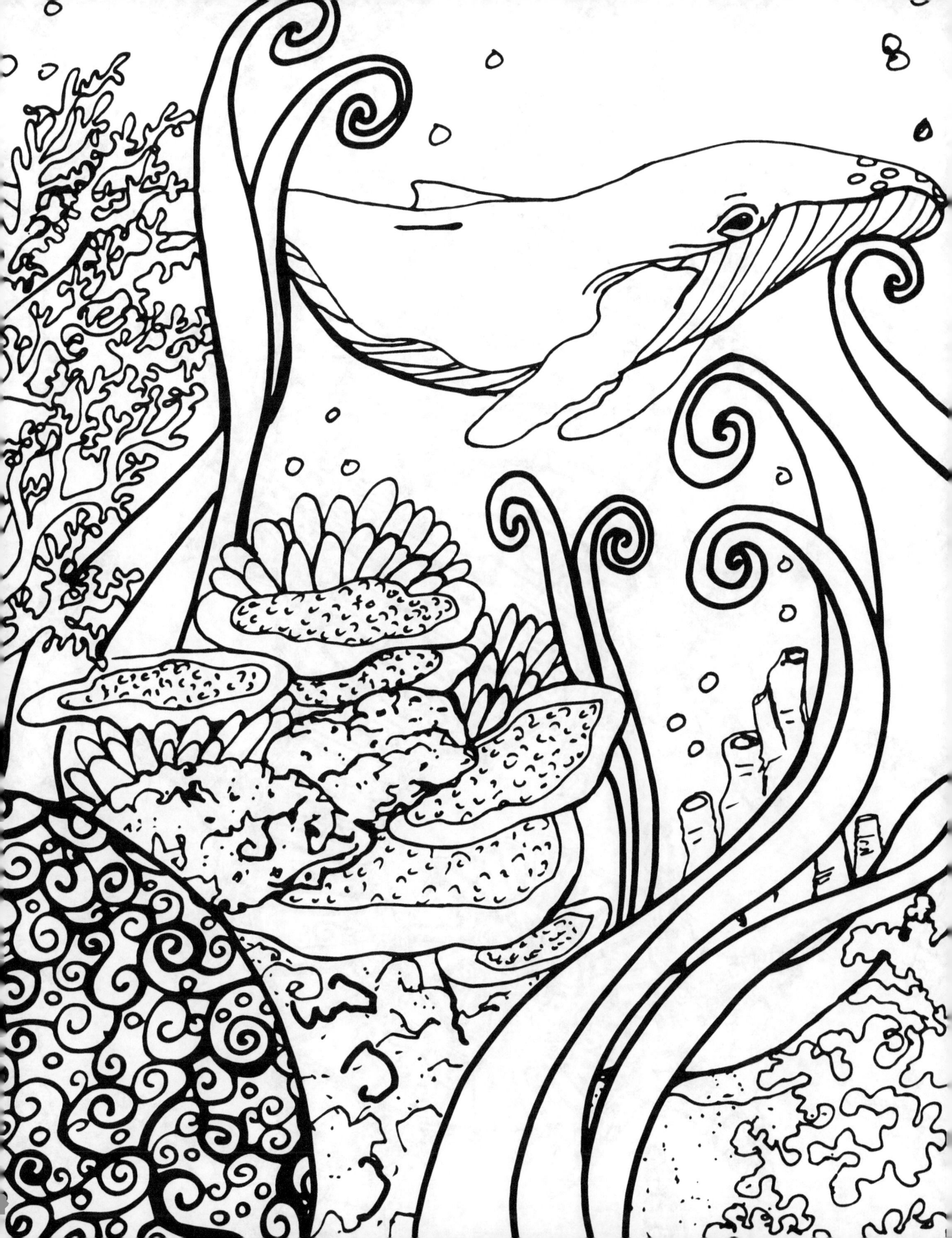

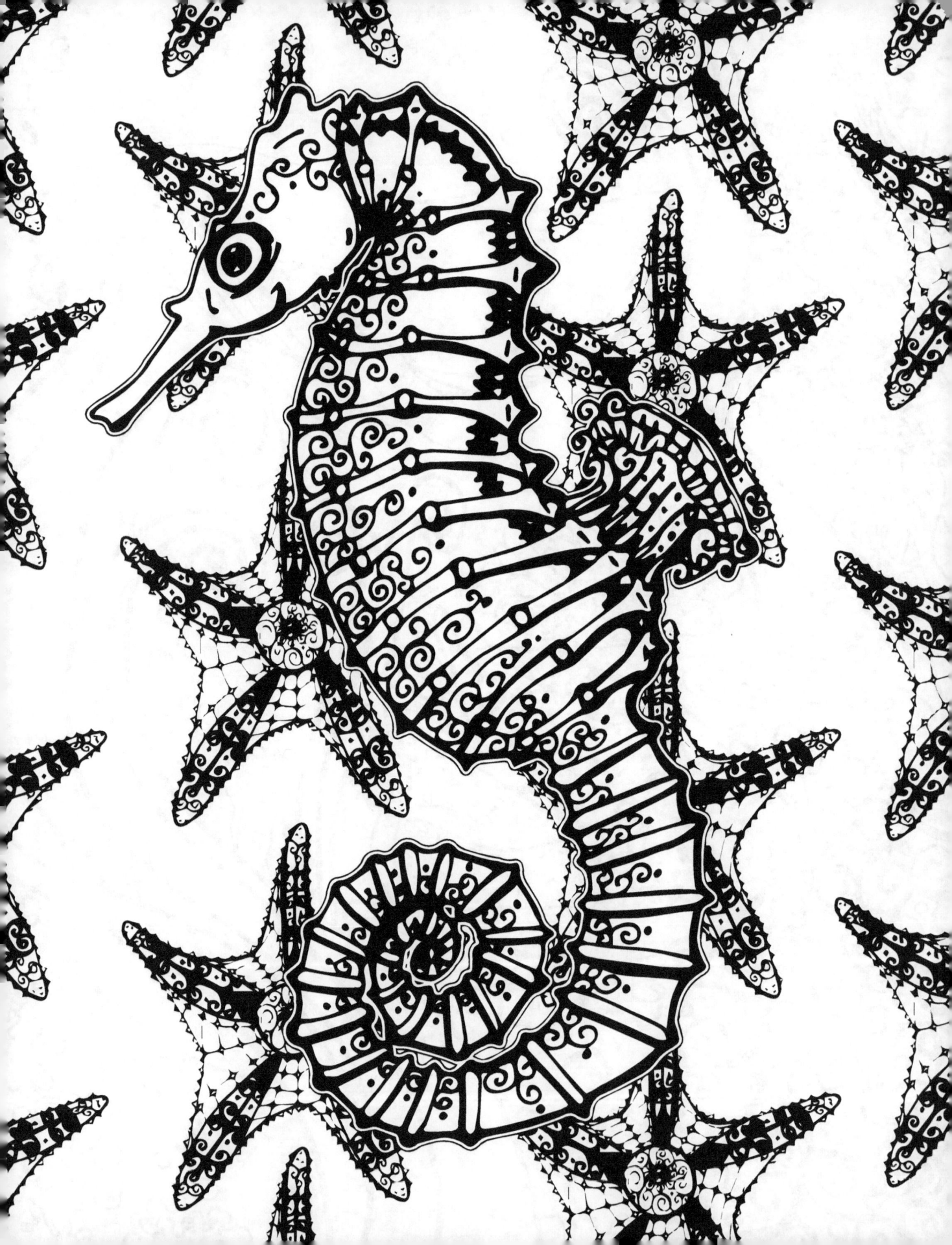

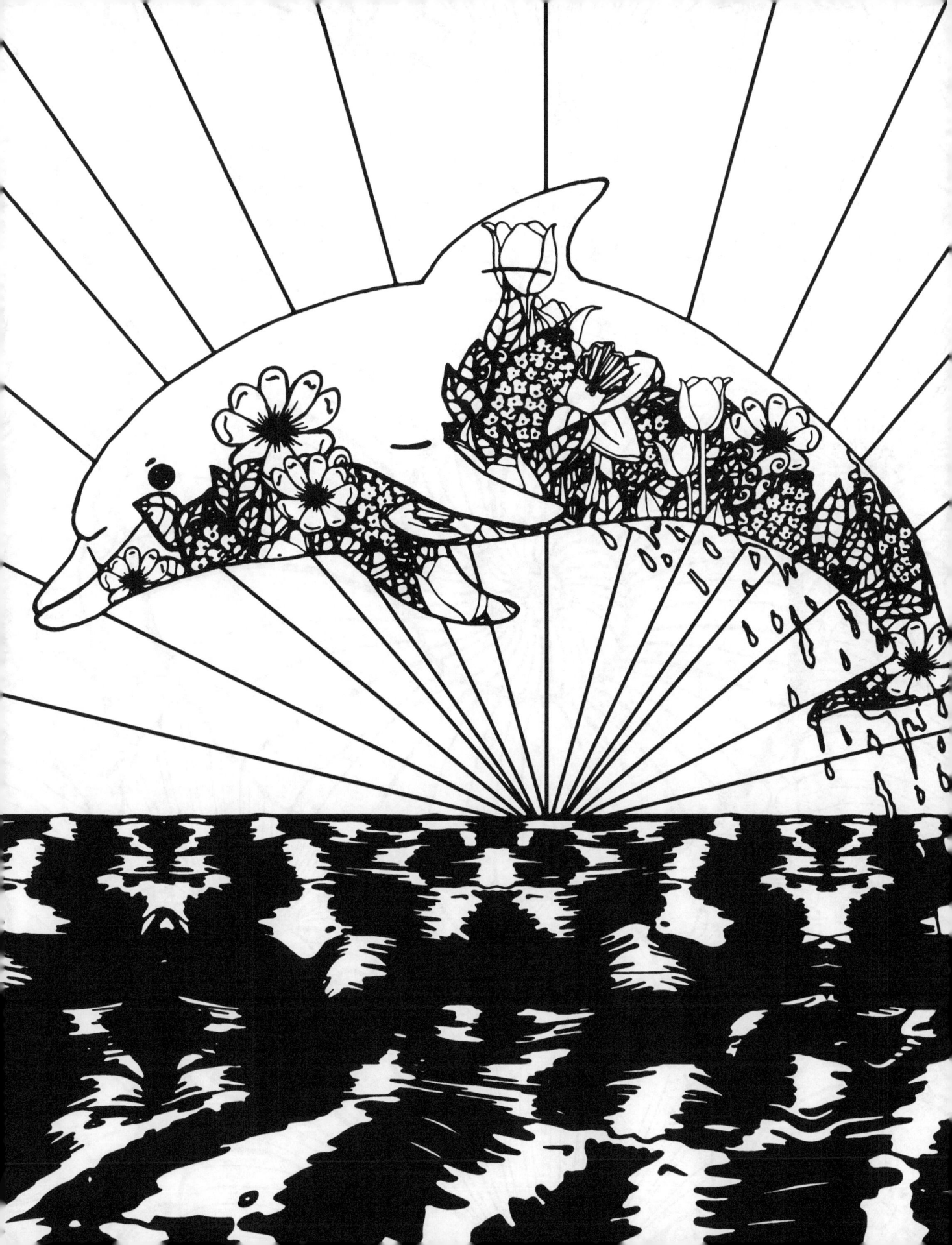

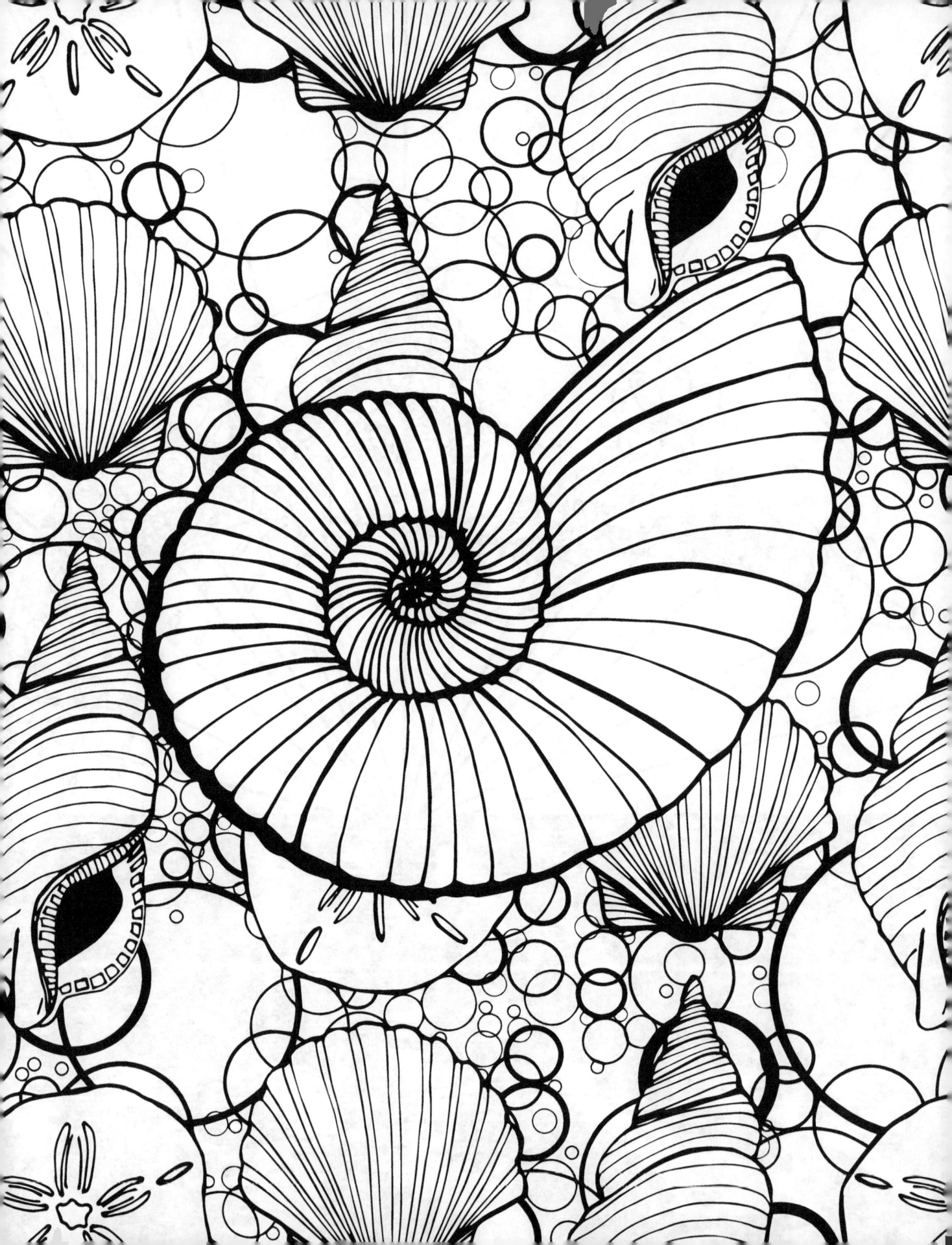

Animals of the Sea

Find the following words hidden below:

- Dolphin
- Crab
- Octopus

- Whale
- Jellyfish
- Seahorse

- Sea Turtle
- Shark
- Orca

- Pelican
- Seagulls
- Starfish

Answers - Located in the back of the book.

```
E P L P T Y S T A D O R I F S
S E A D O L P H I N R D U E I
H L F S B O S Y O R C R A B P
A I K E C F A T C Q A T W U O
U C W A T O P D A F U N B C K
O A S H A R K Z K R I E T L G
Z N Z O A J H J T W F O L I C
K R B R M L A L A O P I A G E
V C X S G S E A G U L L S Y S
A H T E U L S N S C B F I H V
J E L L Y F I S H S X O E M J
```

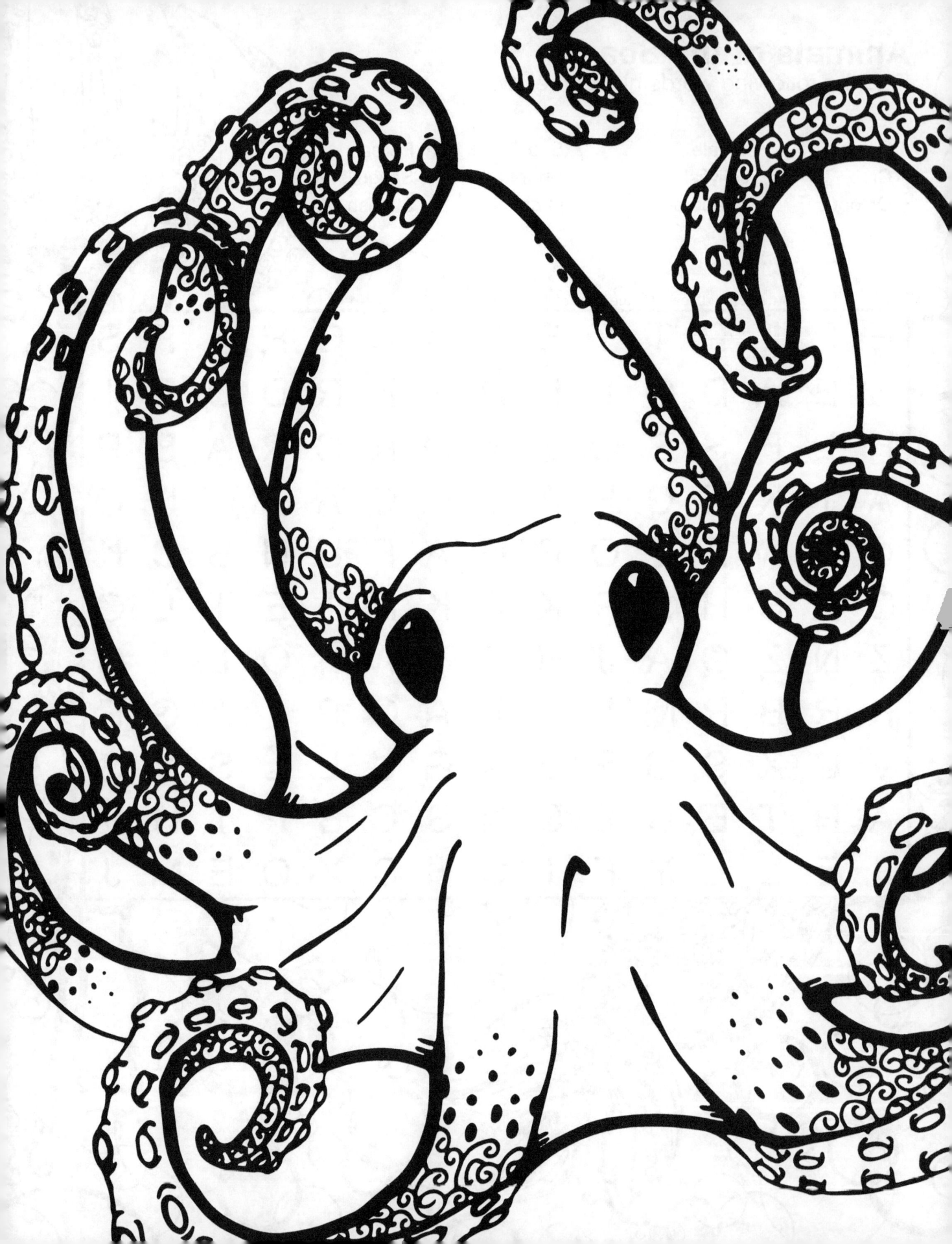

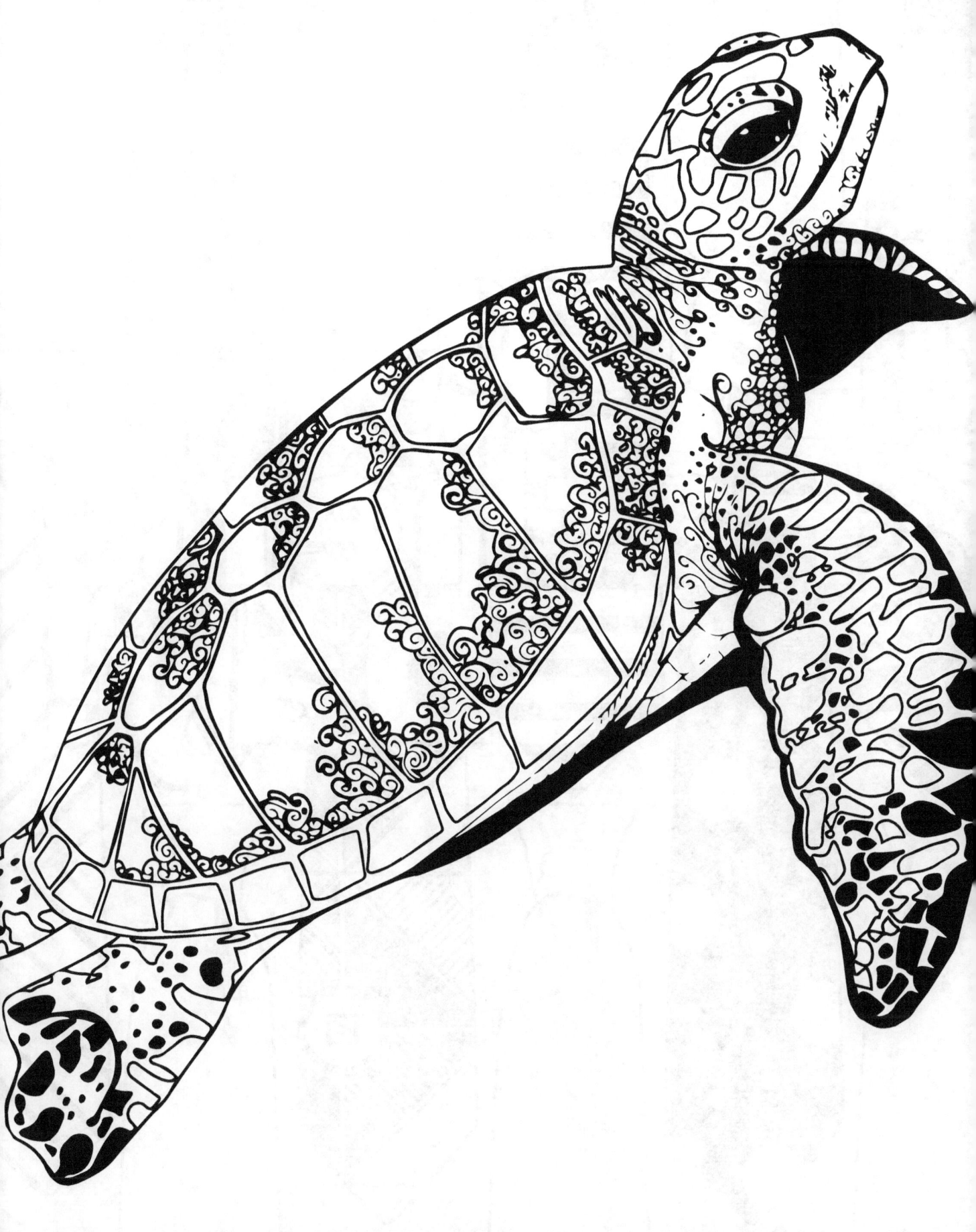

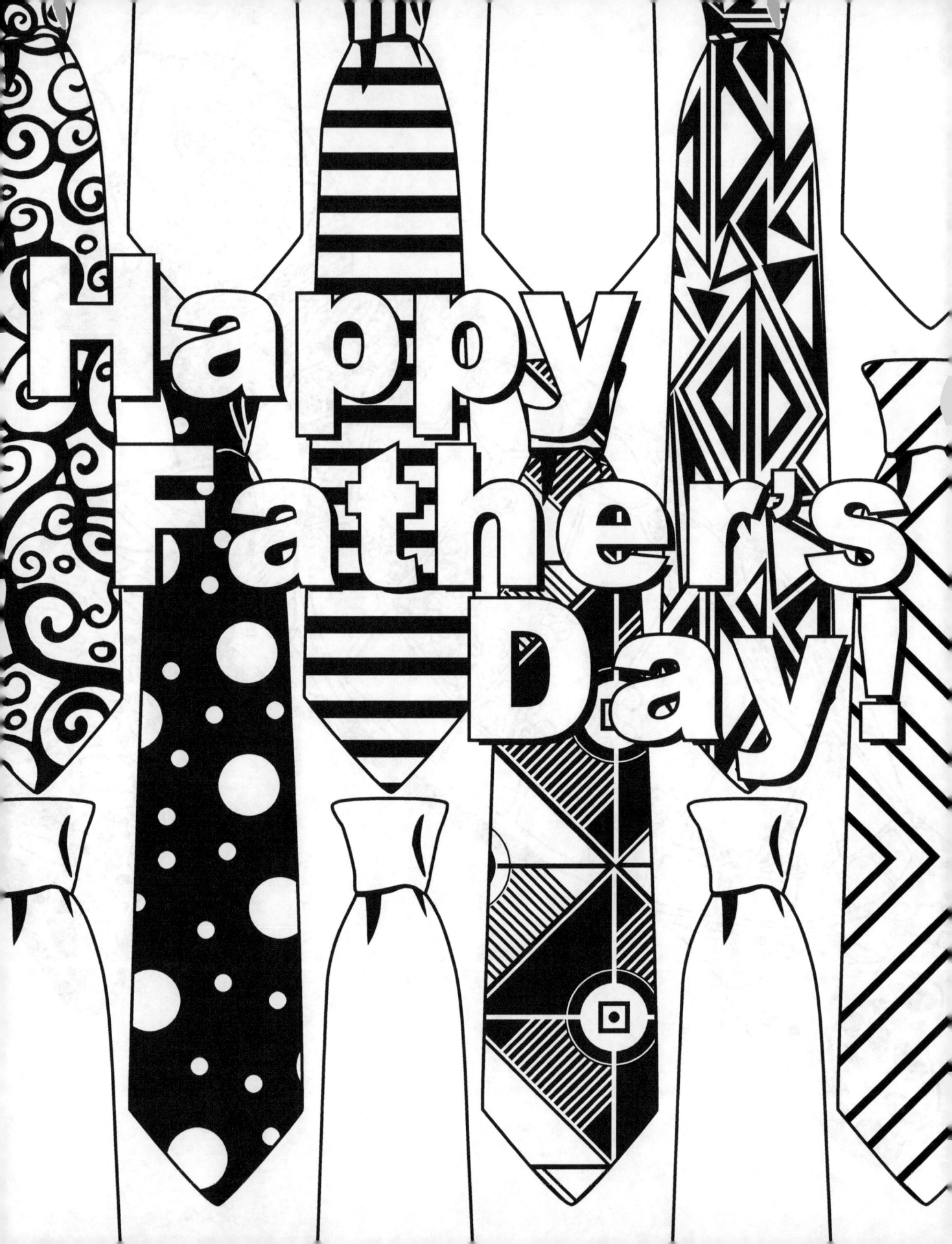

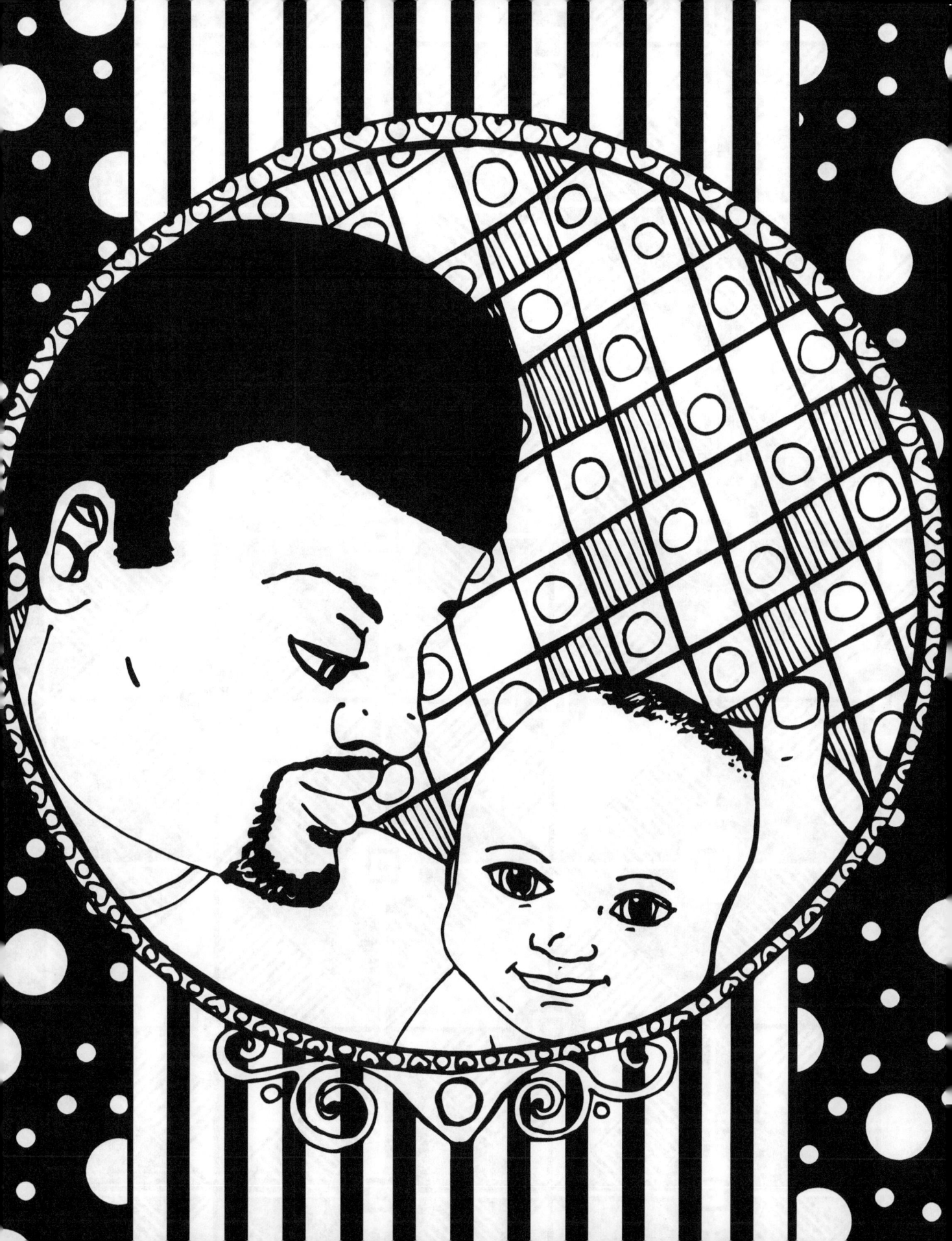

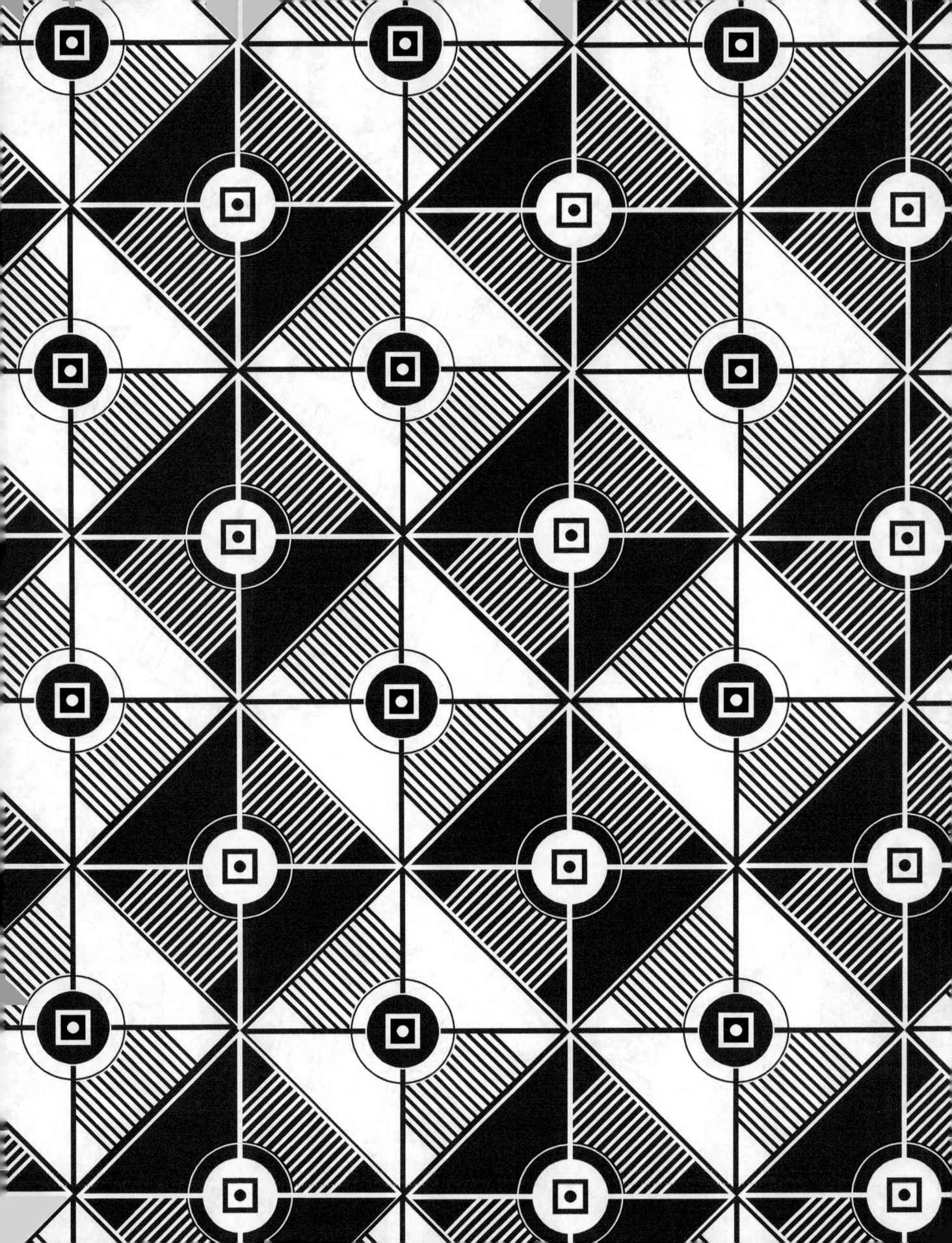

Father's Day

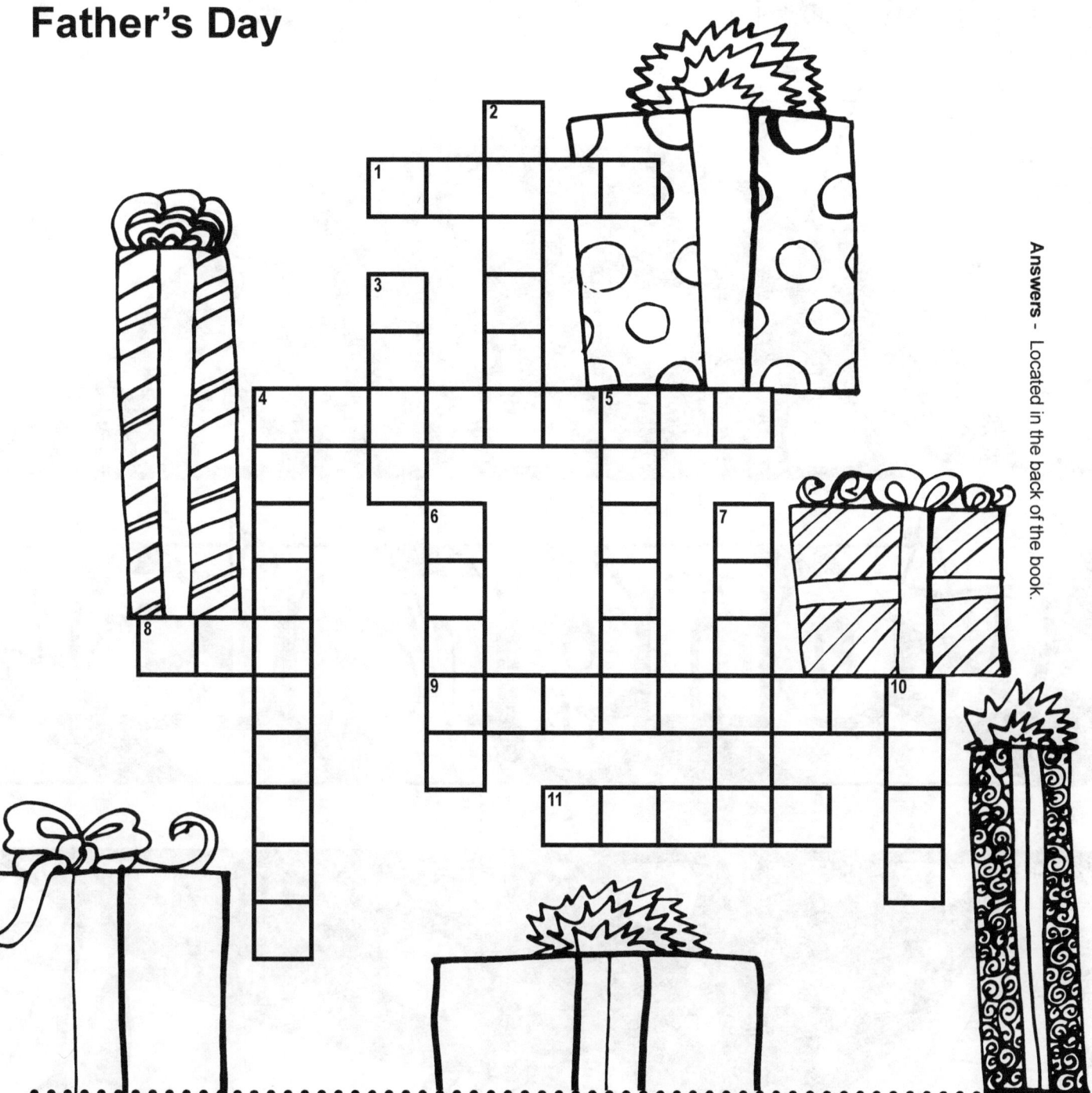

Answers - Located in the back of the book.

Across

1. Your dad may have this facial hair
4. A ride on your dad's back when you were little
8. A popular Father's Day gift
9. You look up to him because he is a good _____
11. Giggle

Down

2. Dad, mom, aunt, uncle, are all part of your ____
3. Dad is great at giving big bear _____
4. He always wants to keep you safe because he is ___
5. You trust him to give heartfelt and honest _____
6. Intelligent
7. He is ____ in heart, body, and will
10. Since the day you were born he felt this for you

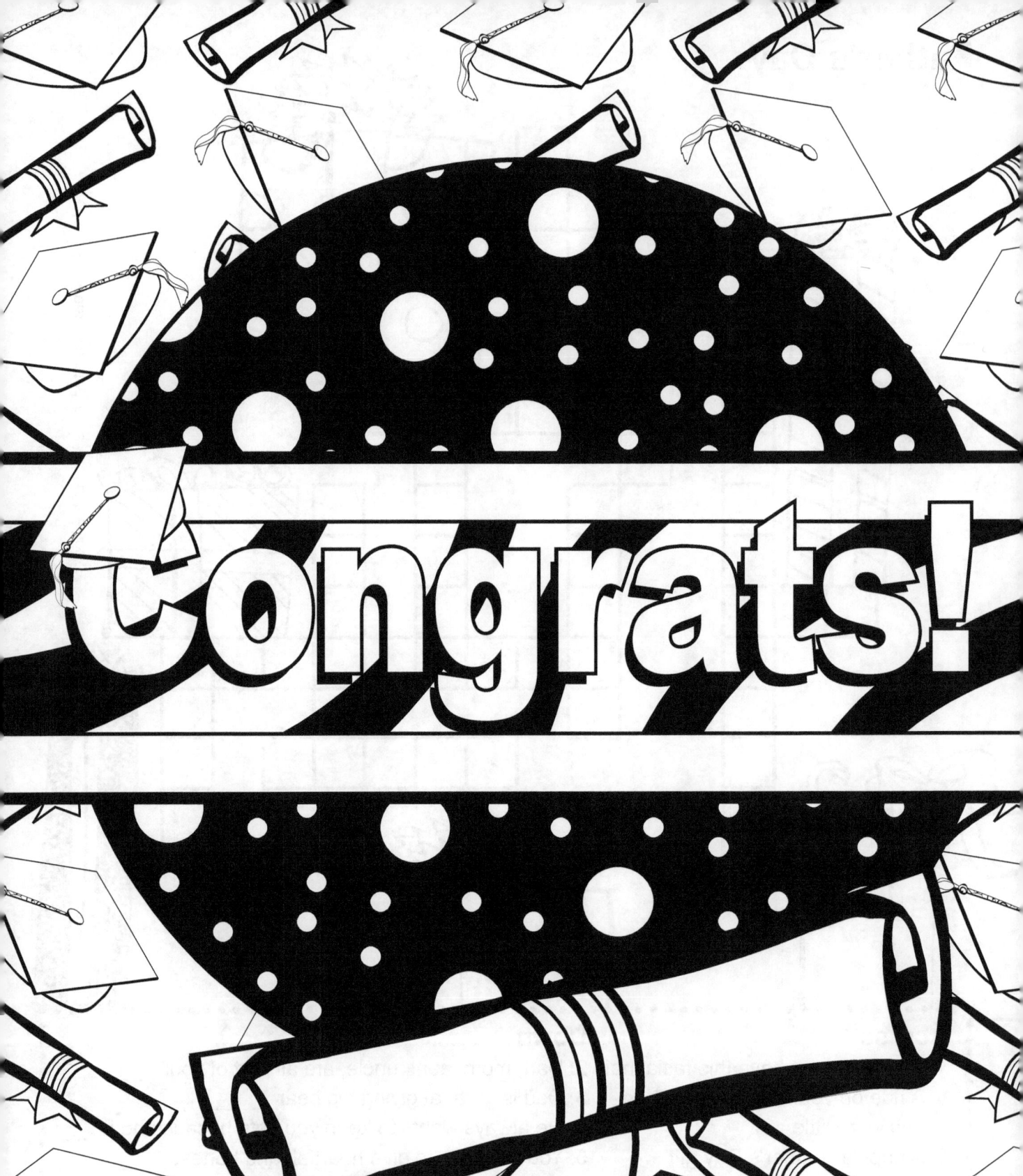

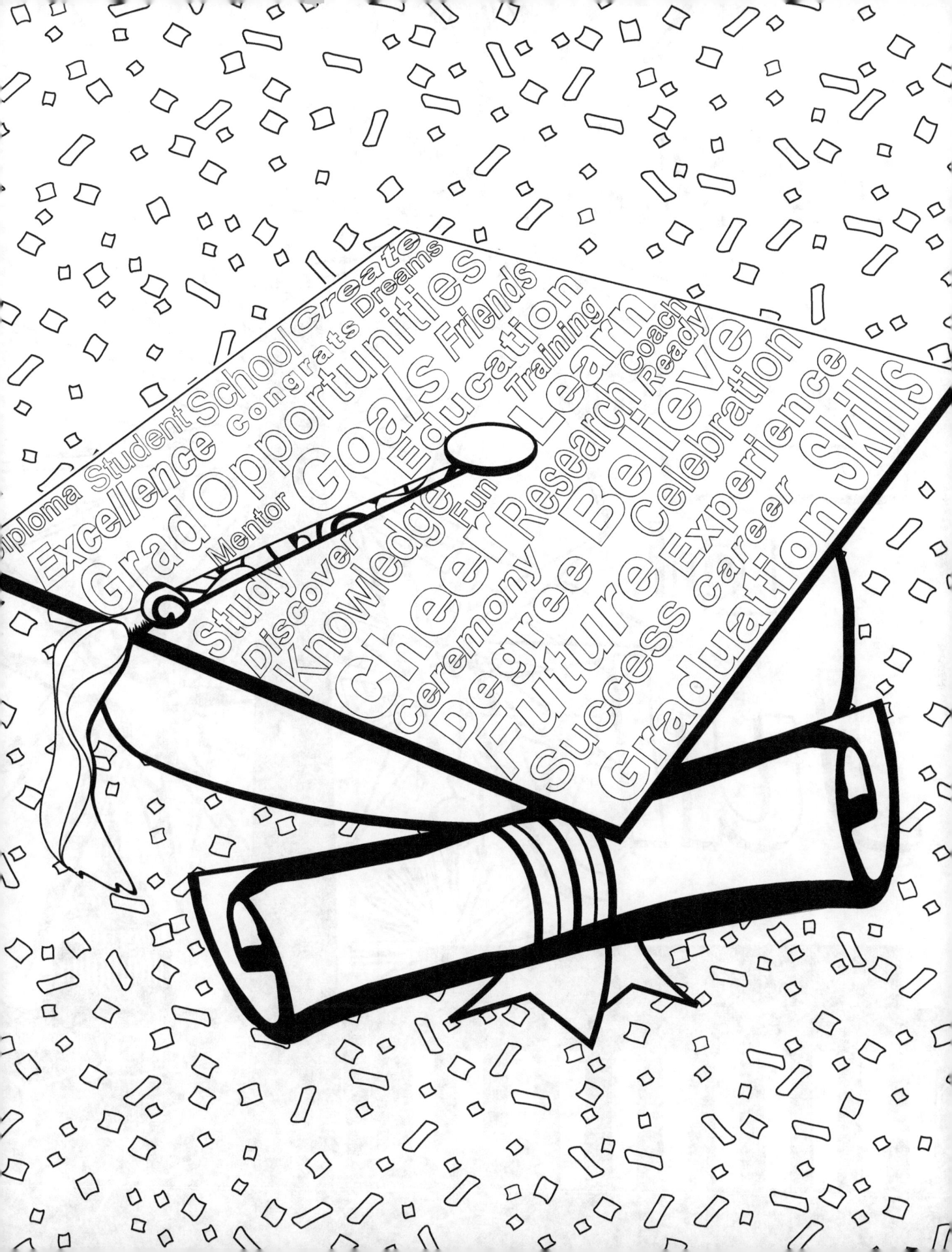

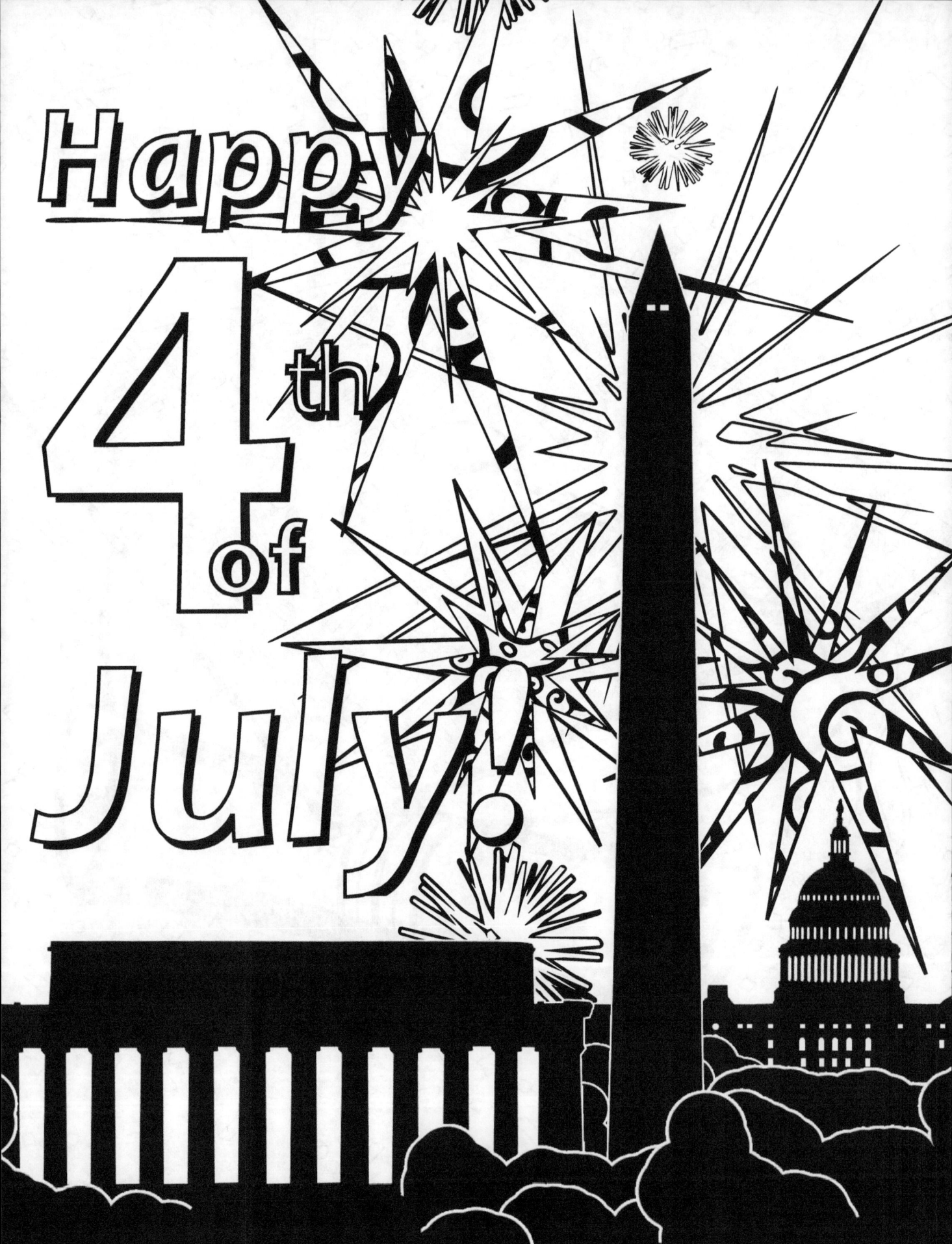

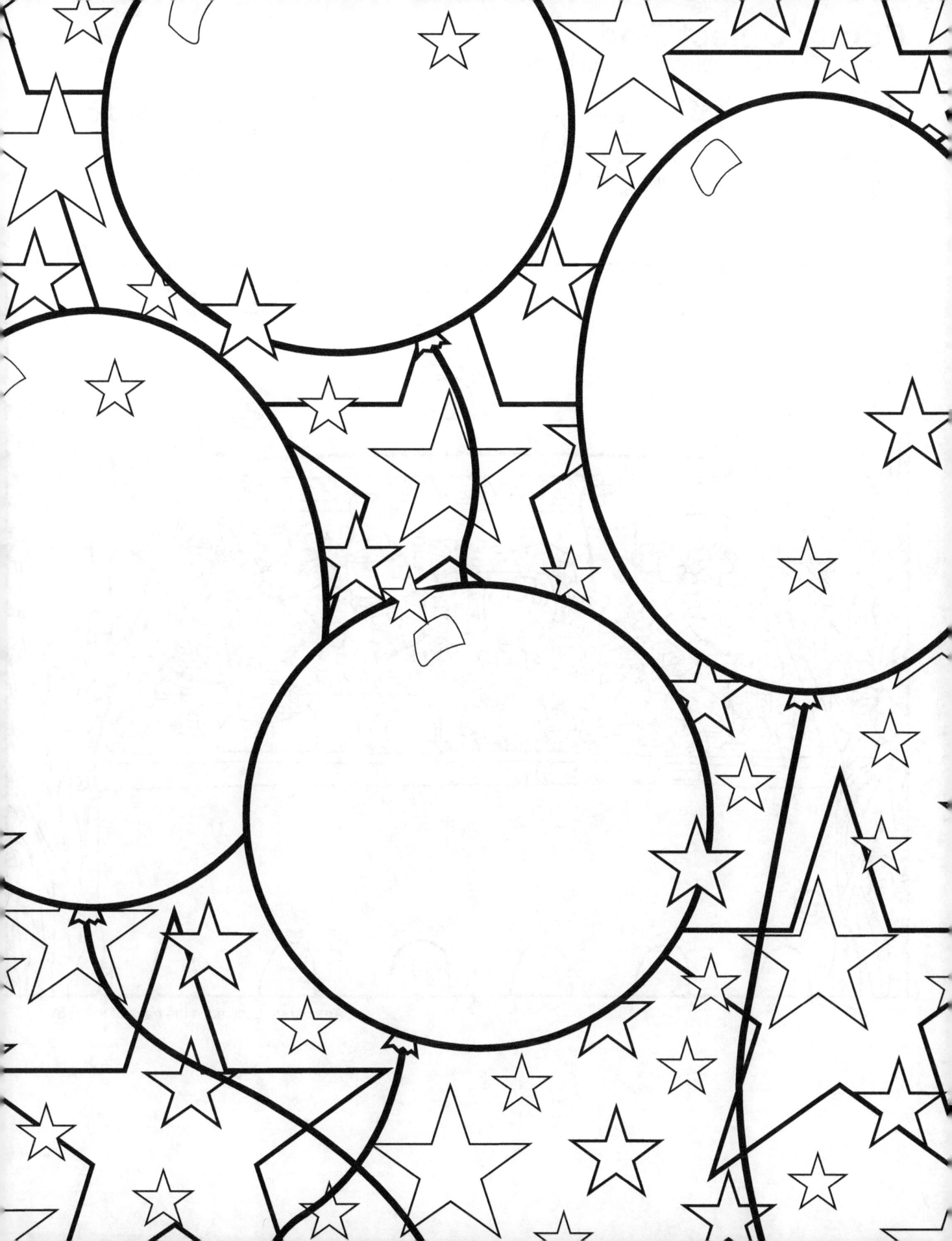

Cooler Object Find

Find the following objects hidden below:

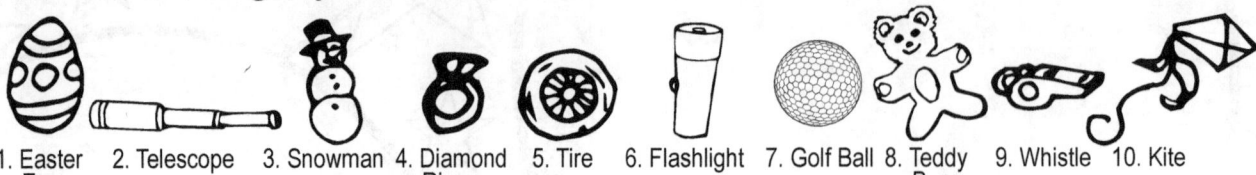

1. Easter Egg
2. Telescope
3. Snowman
4. Diamond Ring
5. Tire
6. Flashlight
7. Golf Ball
8. Teddy Bear
9. Whistle
10. Kite

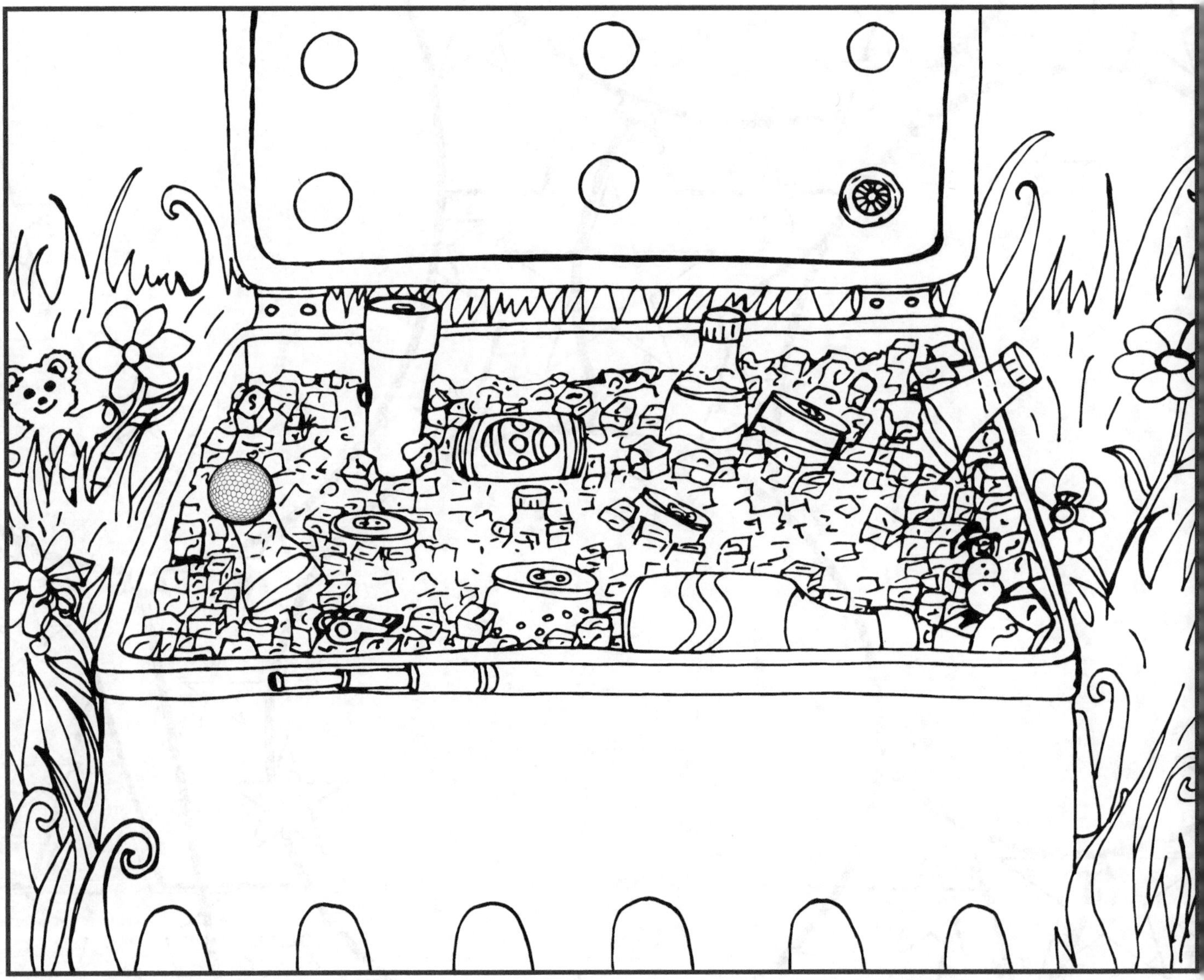

Answers - Located in the back of the book.

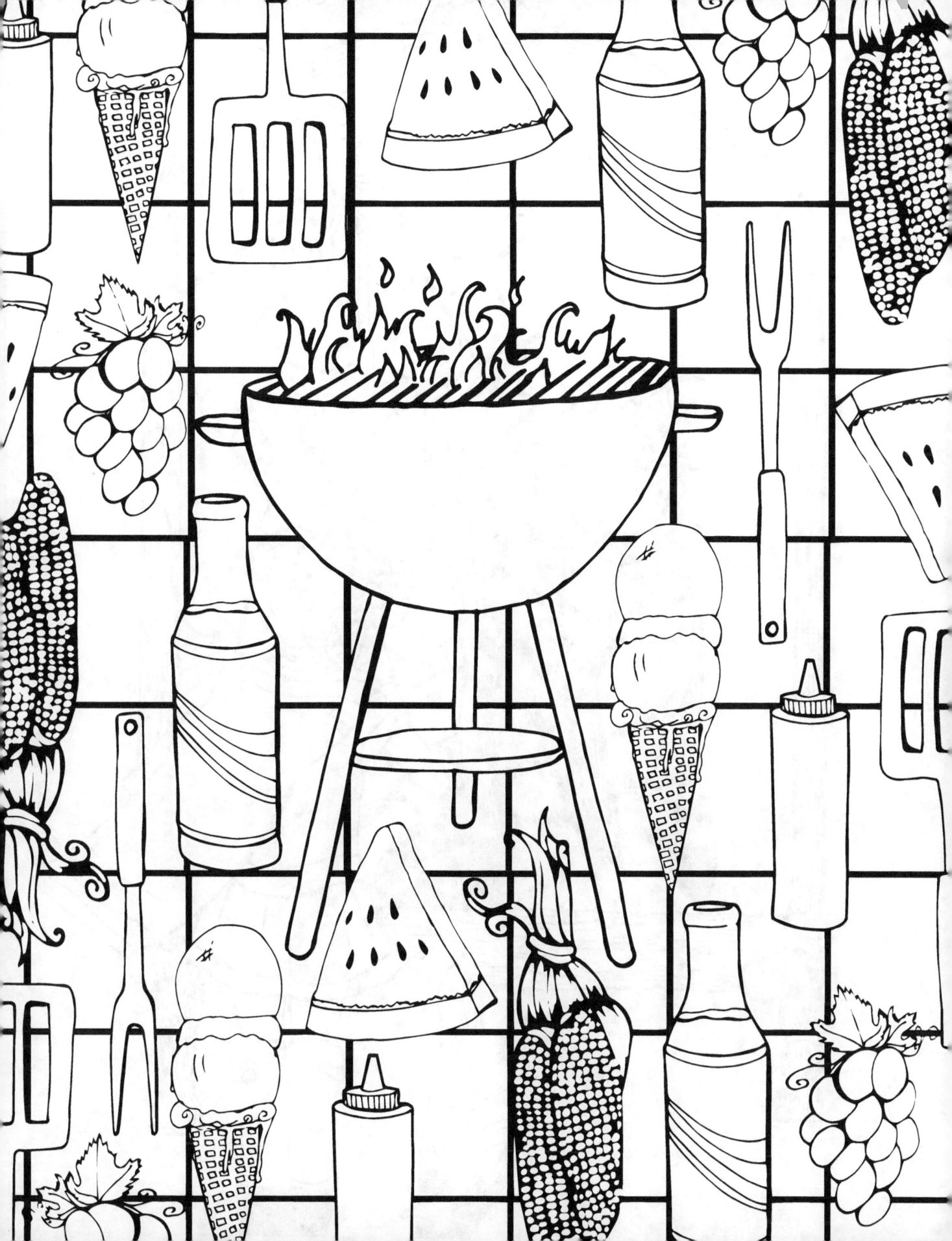

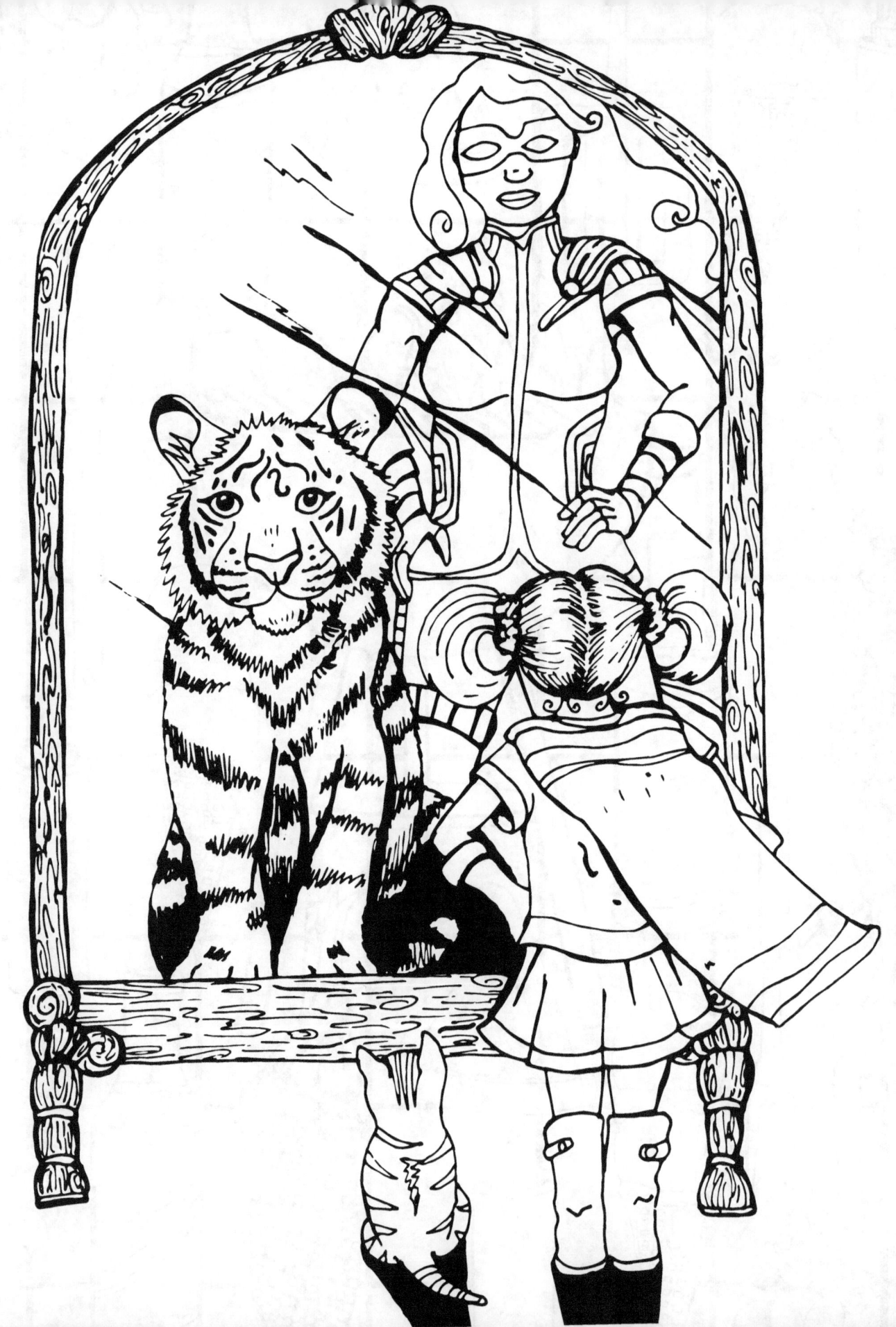

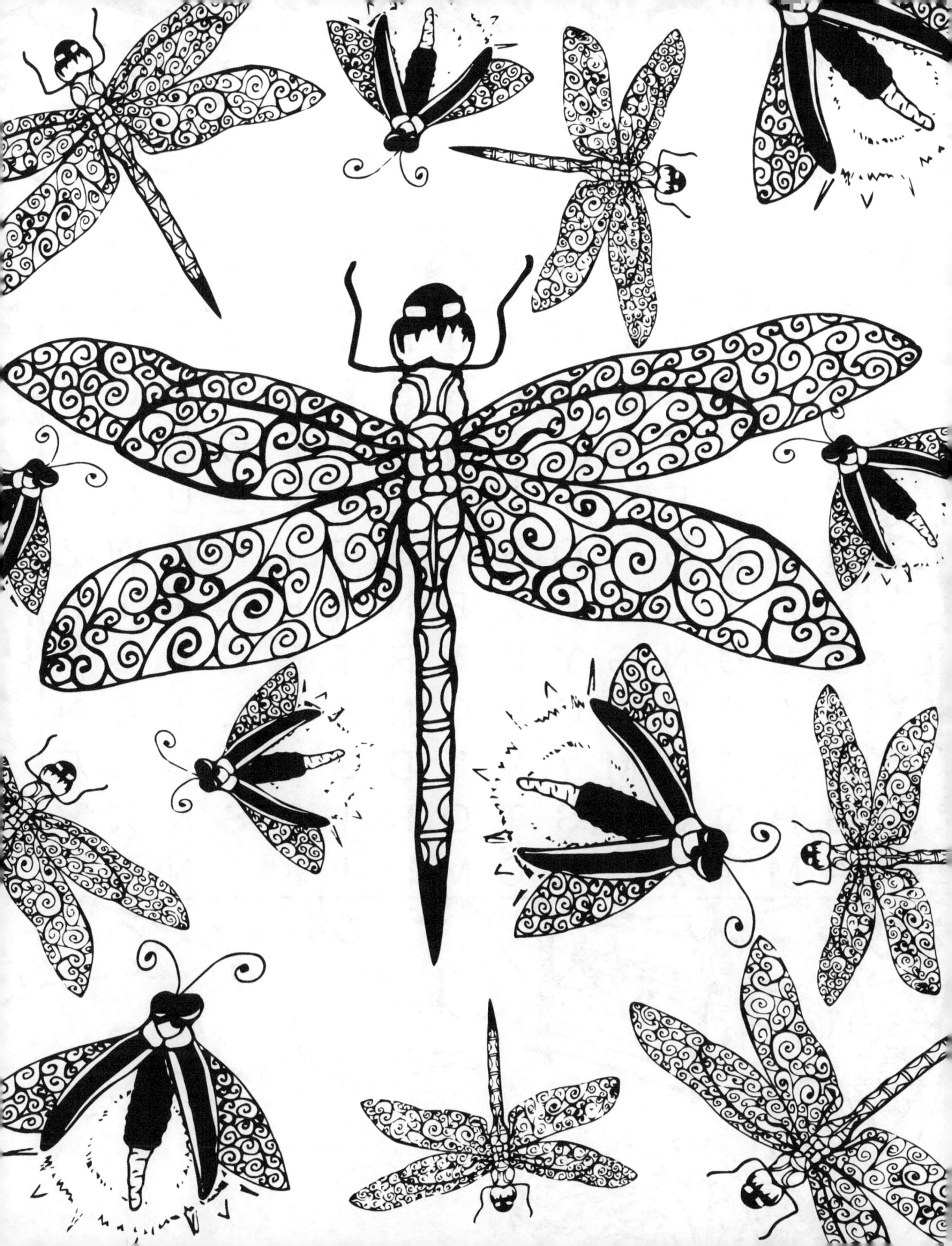

Camping

Find the following words hidden below:

- Tent
- Wildlife
- Lantern
- Fire
- River
- Mountain
- S'mores
- Nature
- Hiking
- Adventure
- Trees
- Ghost Stories

```
L K A T L W I J H I K S T V P
Q E D R I V E R B F L P M Q K
R A V E A J O U K X F C O I S
V I E E W I L D L I F E U R O
H V N S A O R A S G I K N W Z
N A T U R E X E N W R I T I X
S L U N G Y R T R T E E A L R
I A R D A O U Q N F E L I E N
T N E B M Y V E D S J R N H E
G H O S T S T O R I E S N X V
A M T Z E K C M H I K I N G D
```

Answers - Located in the back of the book.

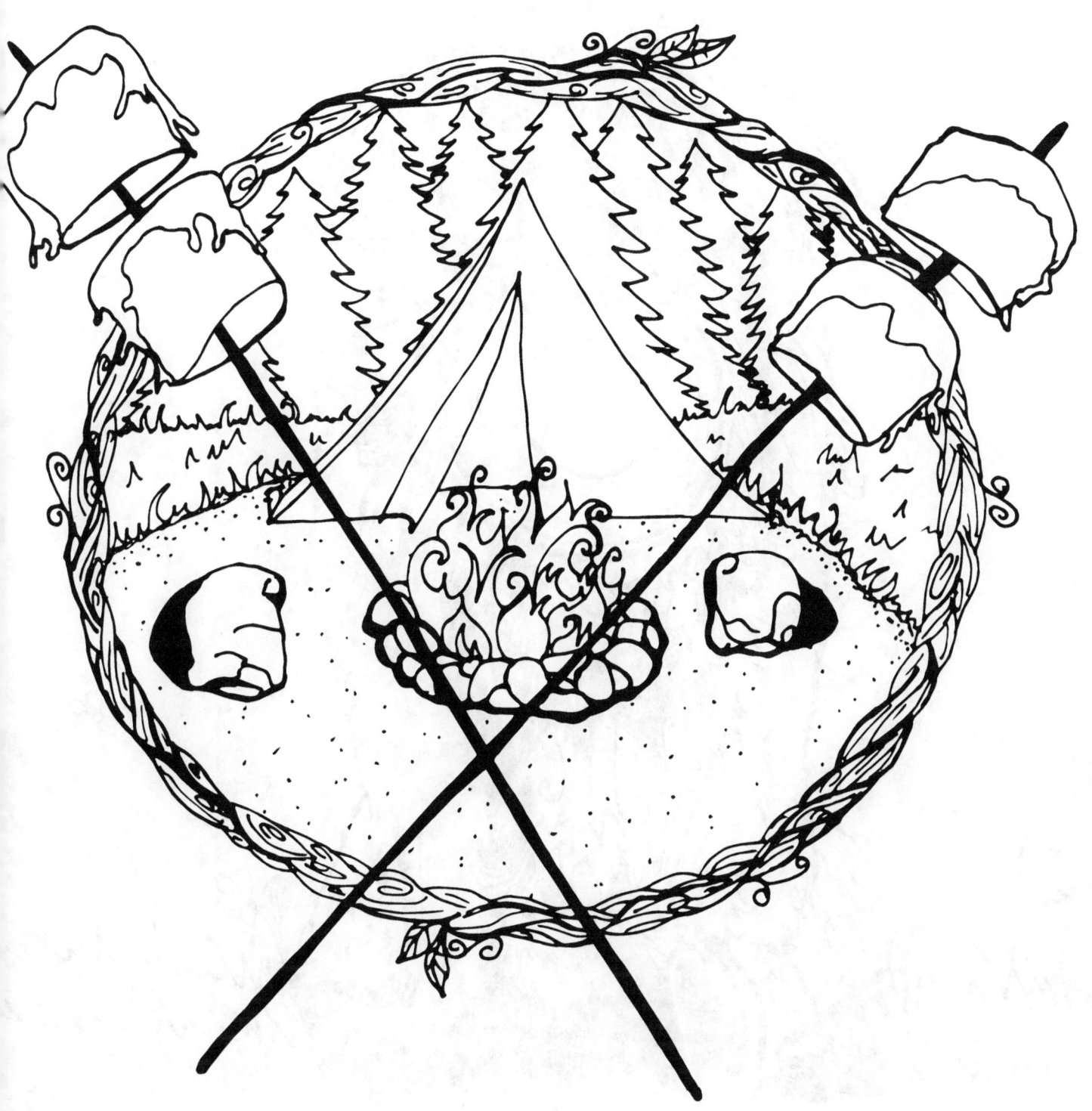

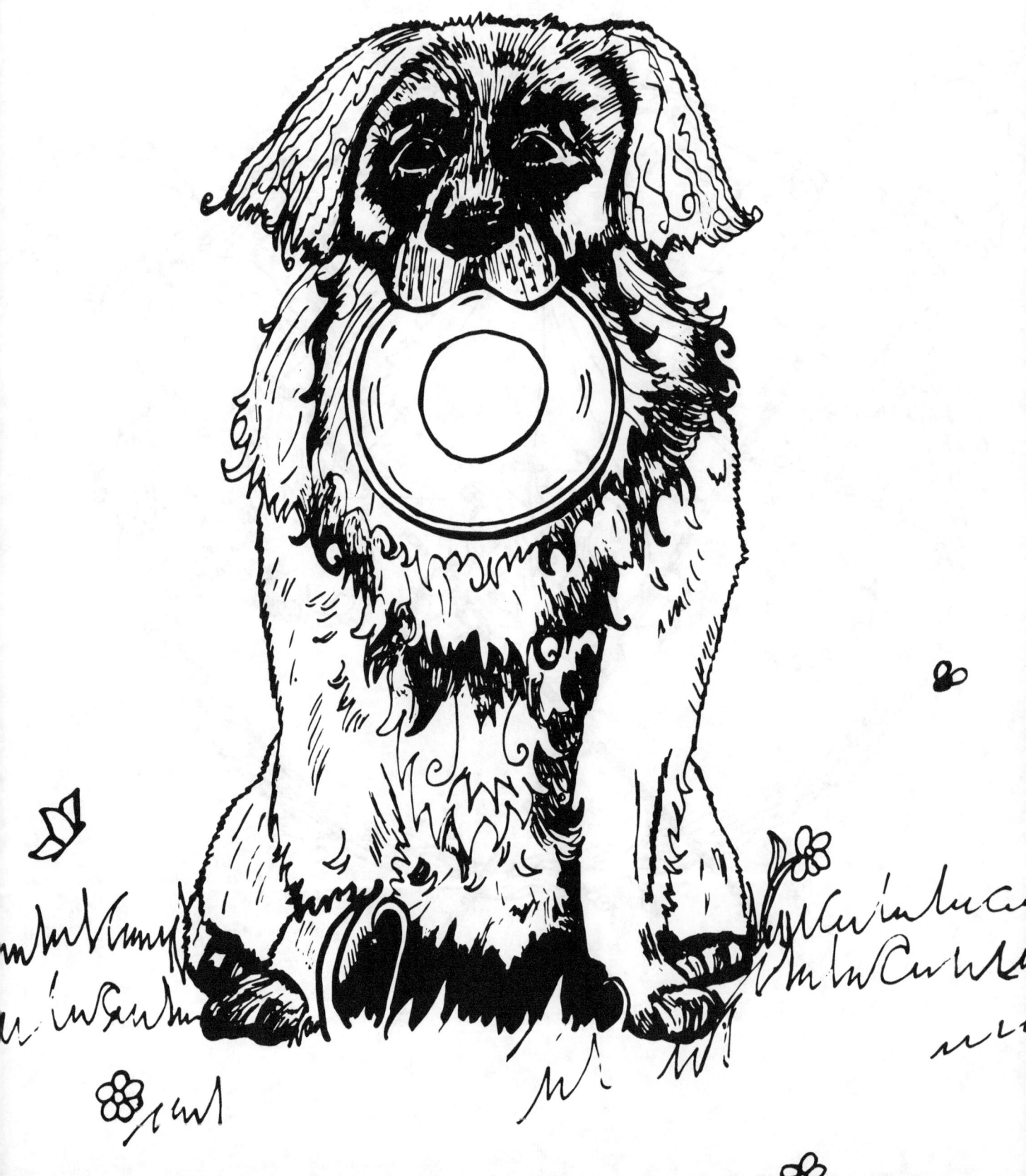

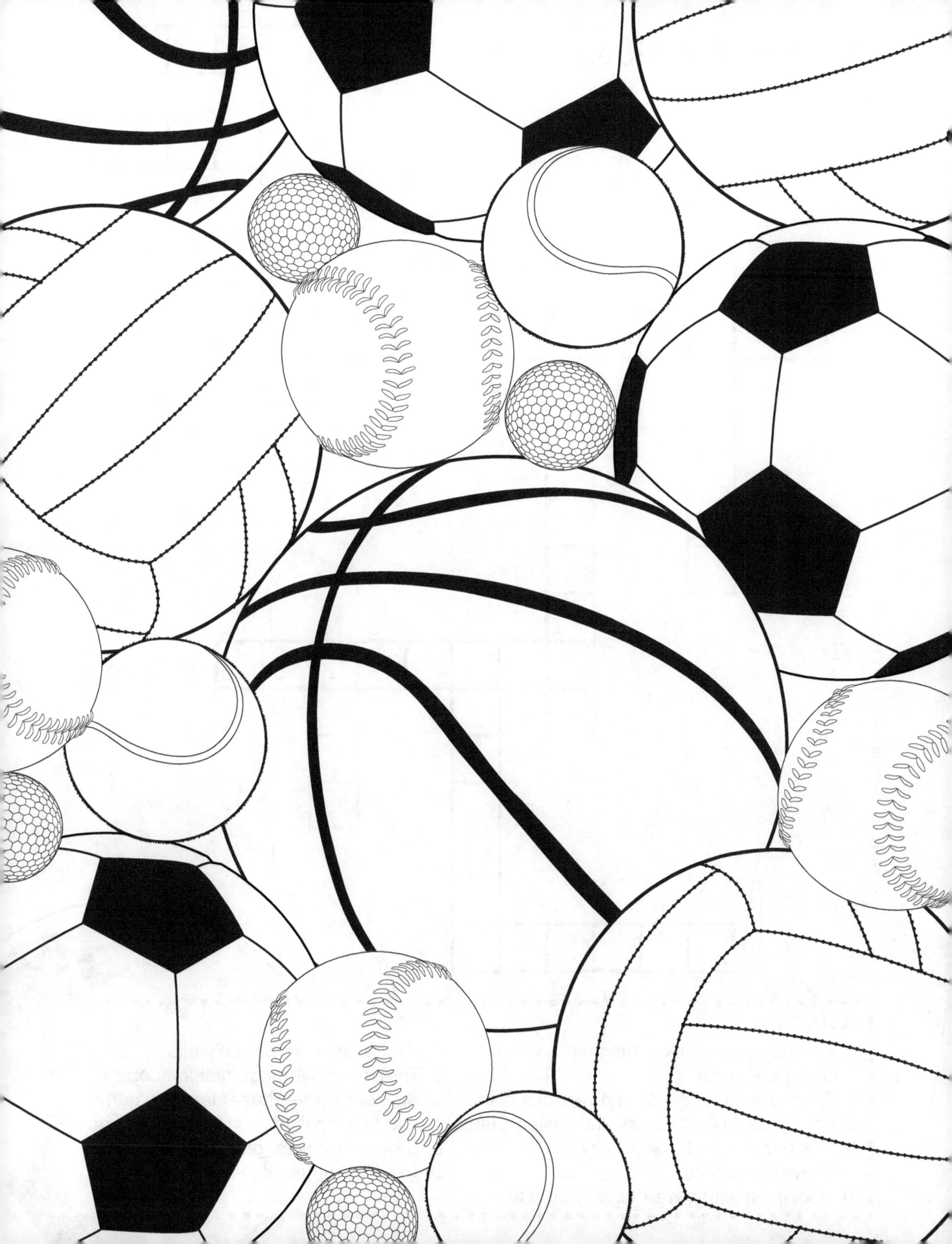

Outdoor Activities

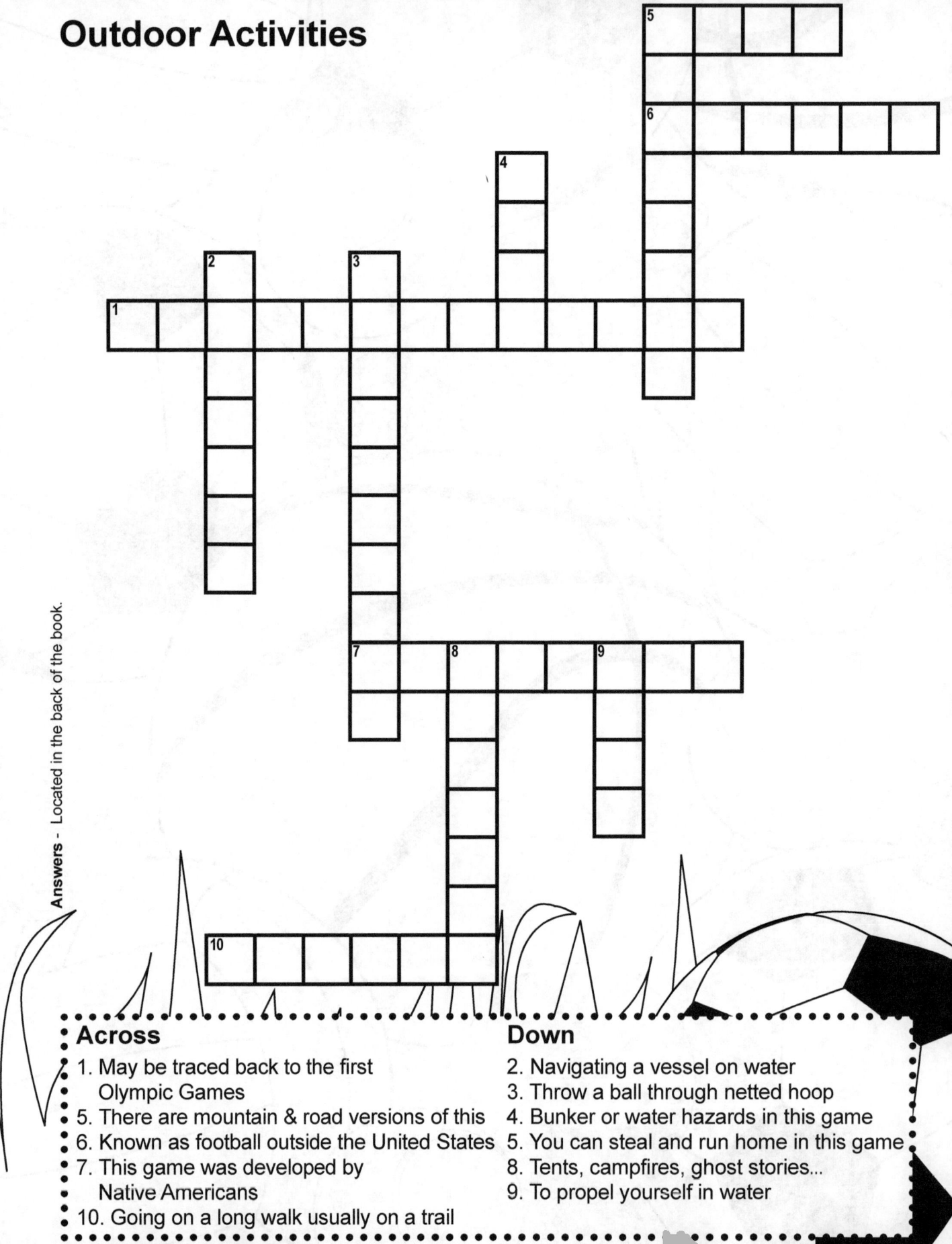

Across

1. May be traced back to the first Olympic Games
5. There are mountain & road versions of this
6. Known as football outside the United States
7. This game was developed by Native Americans
10. Going on a long walk usually on a trail

Down

2. Navigating a vessel on water
3. Throw a ball through netted hoop
4. Bunker or water hazards in this game
5. You can steal and run home in this game
8. Tents, campfires, ghost stories...
9. To propel yourself in water

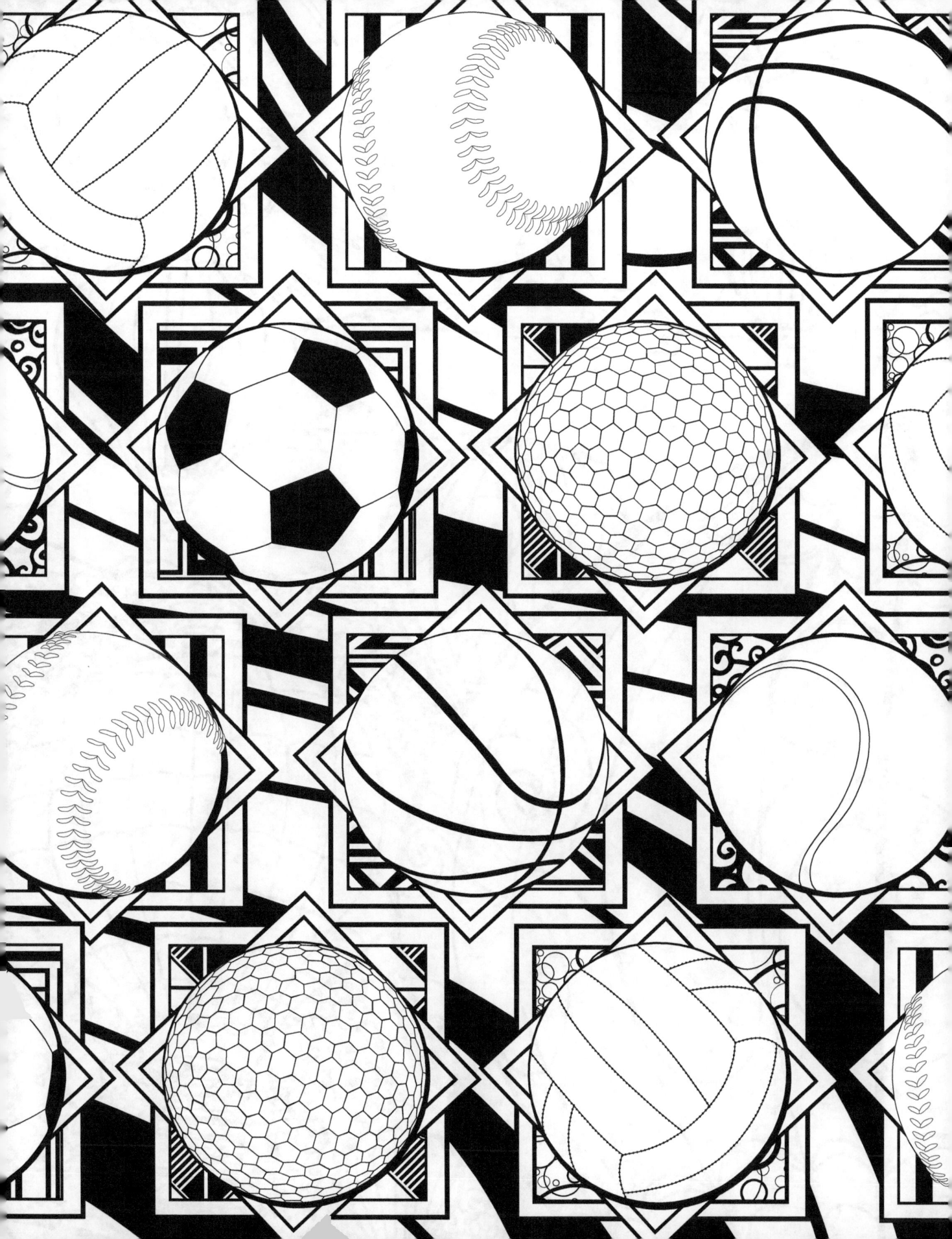

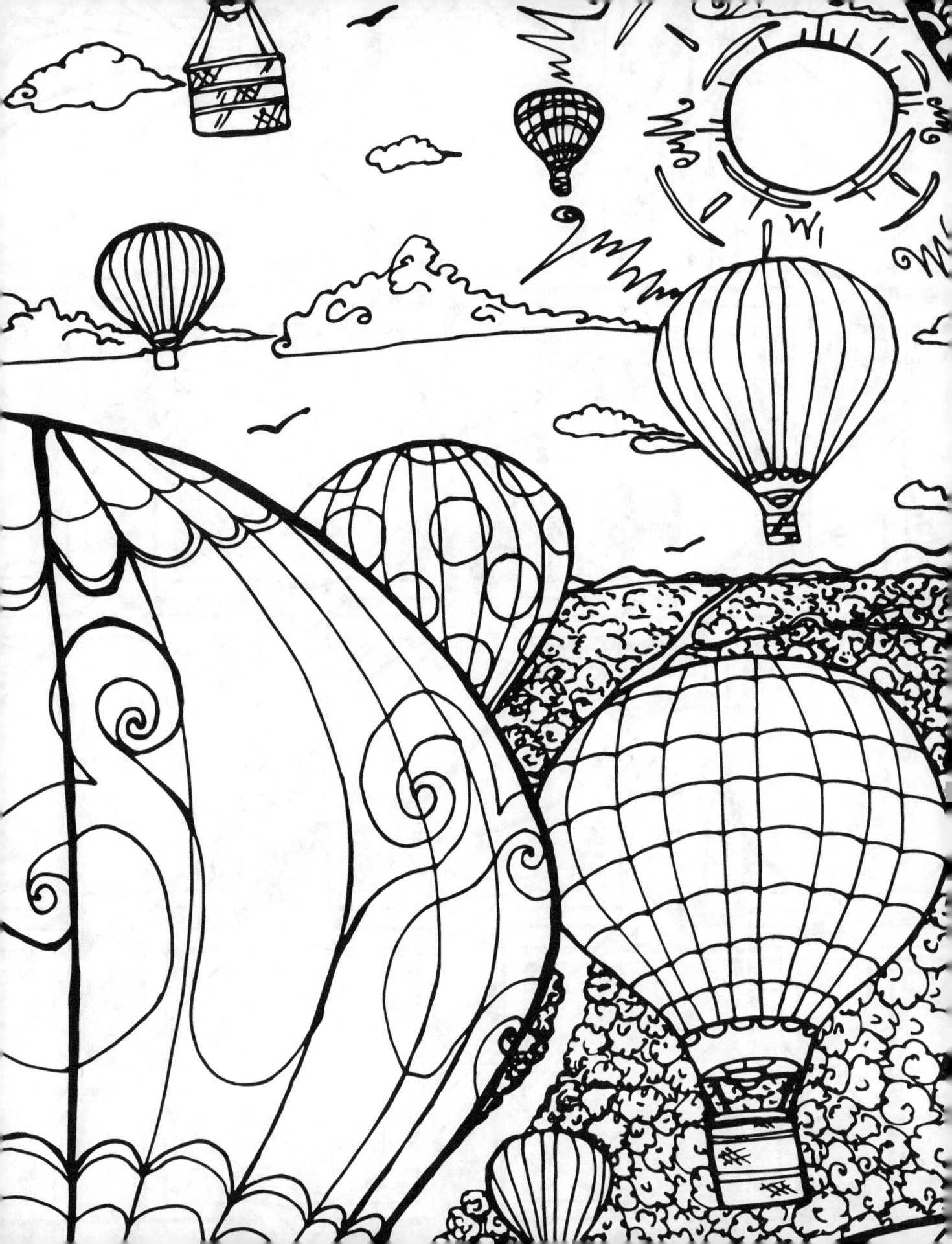

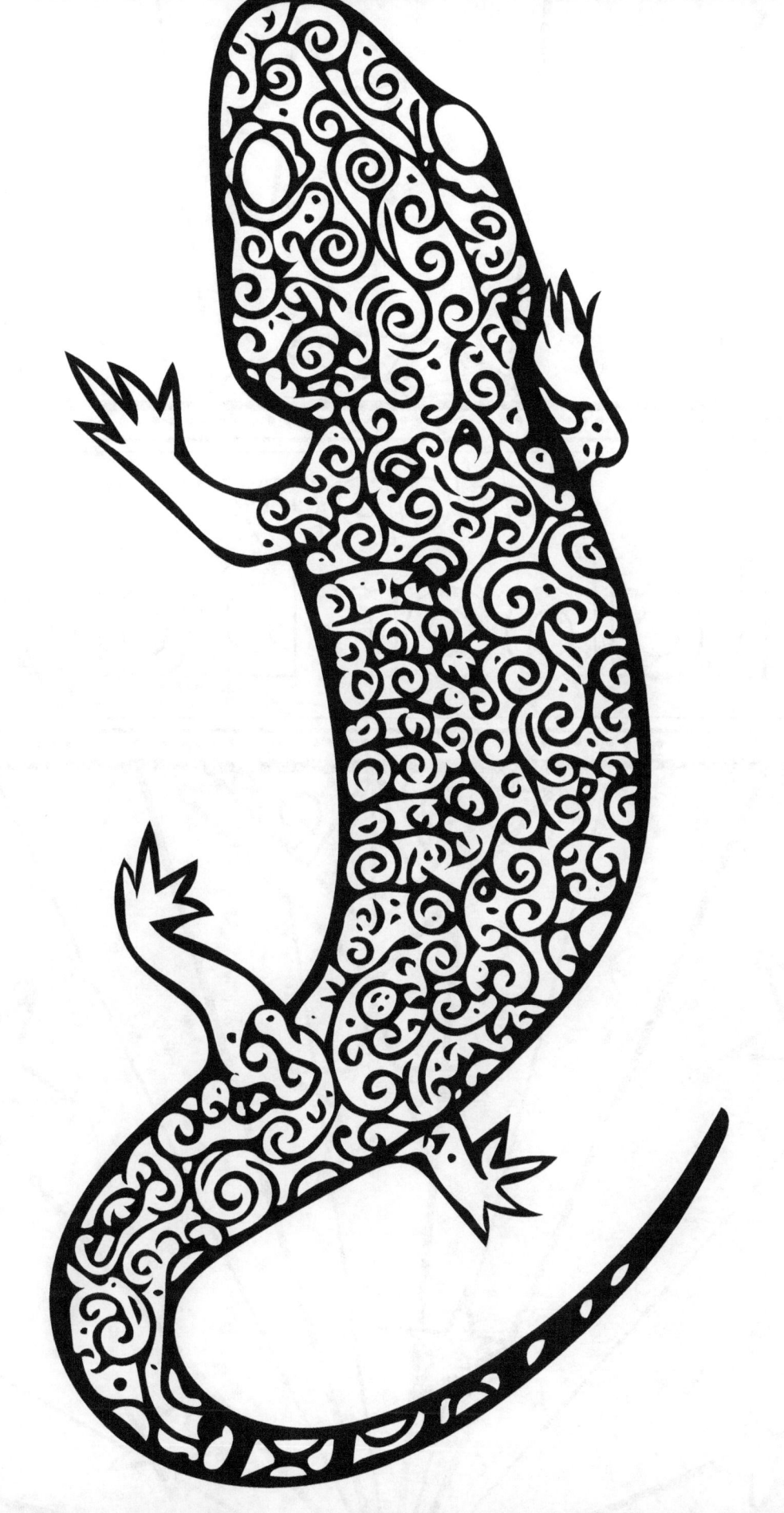

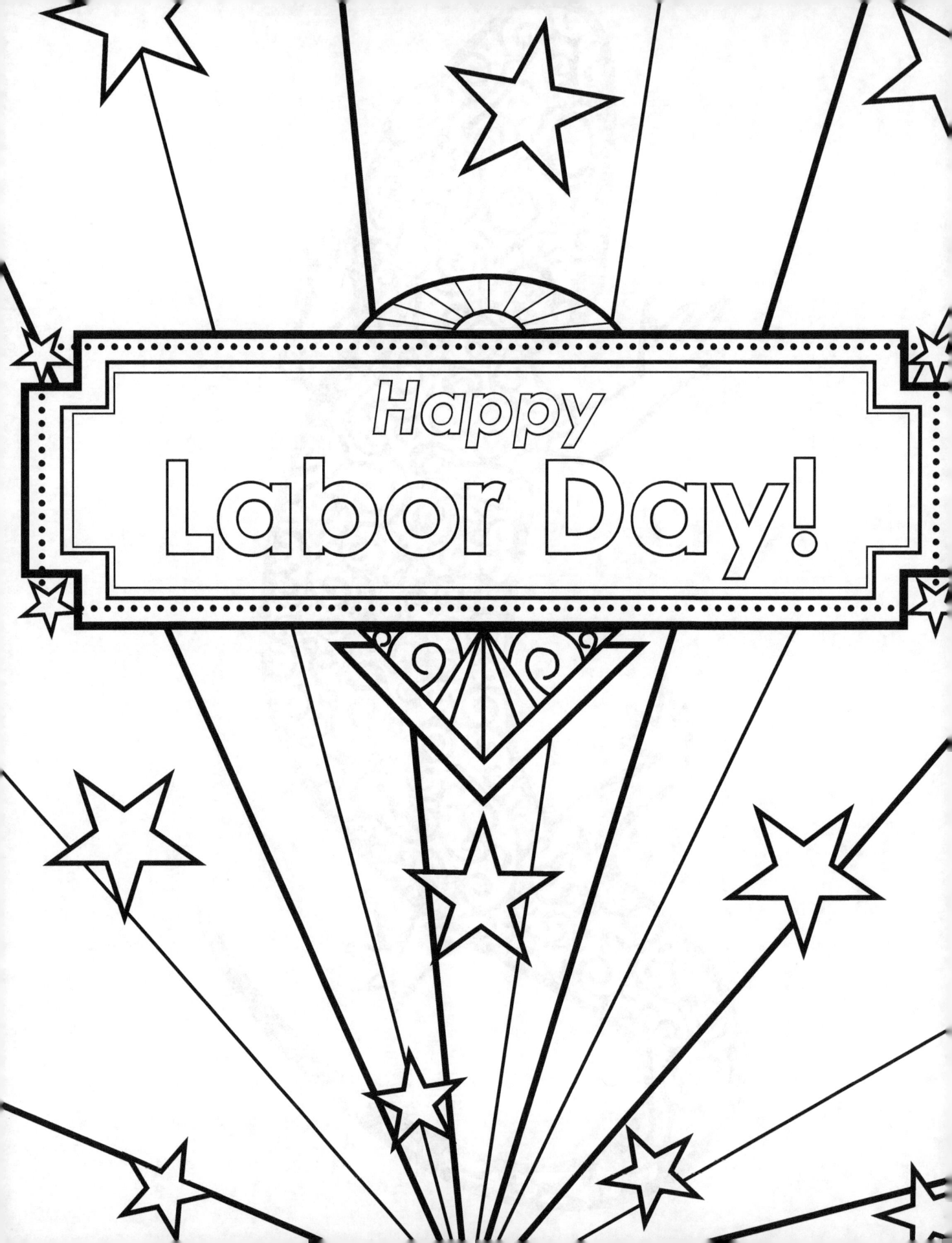

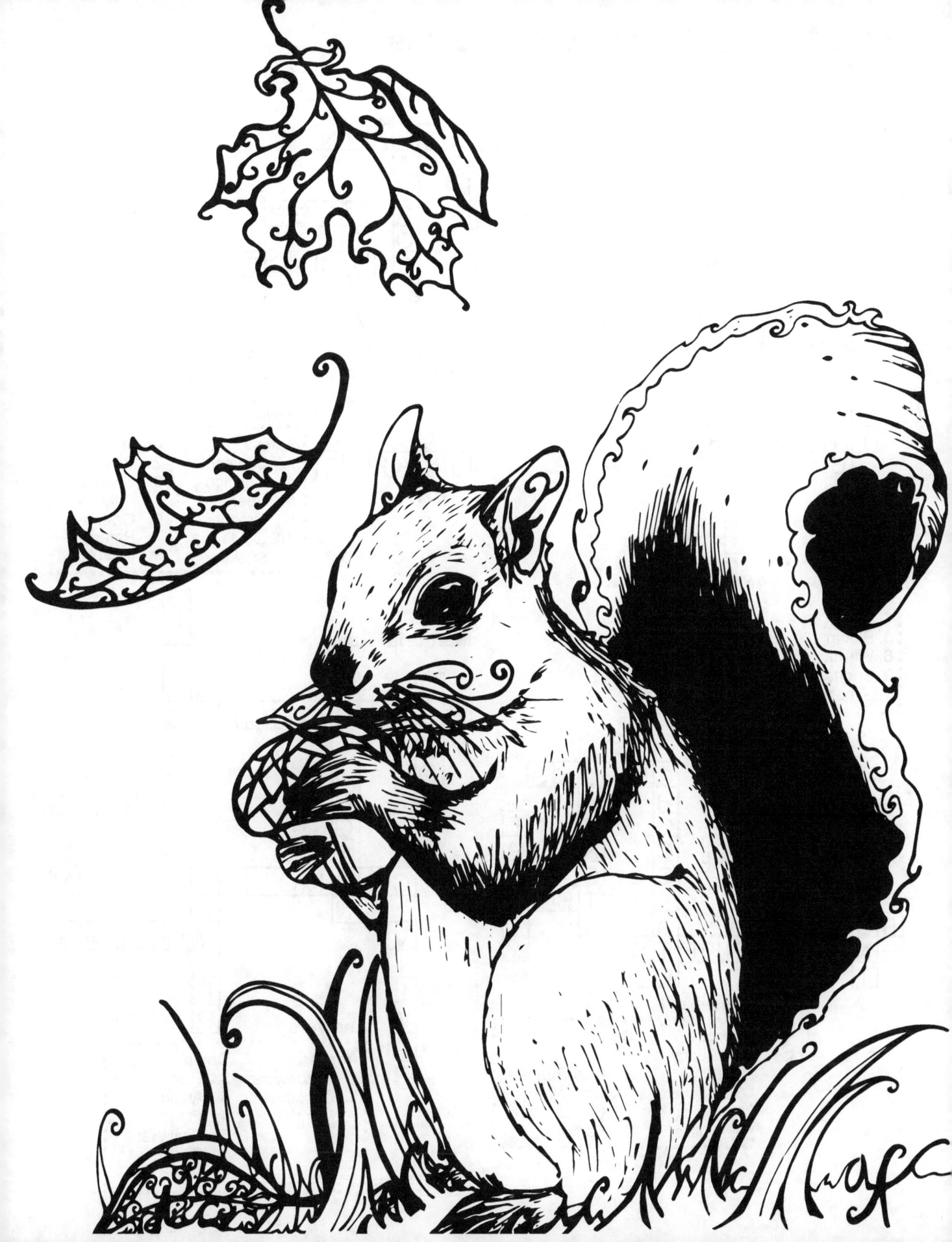

ANSWERS: Crossword Puzzles

Springtime

Crossword grid with answers: GREEN GRASS, BREAK, BEES, FLOWERS, BLOOM, WARMER, RAIN, ROBIN, SHORTS, HATCHES, THUNDER, LEAVES

Answers

Across	Down
1. Break	2. Green Grass
3. Bees	4. Flowers
5. Bloom	7. Robin
6. Warmer	8. Rain
9. Shorts	10. Hatches
12. Thunders	11. Leaves

St. Patrick's Day

Crossword grid with answers: LEPRECHAUN, SHAMROCK, RAINBOW, BEER, BRITAIN, CHICAGO, ORANGE, PARADE, IRELAND, GREEN, GOLD, SNAKES

Answers

Across	Down
1. Leprechaun	2. Rainbow
4. Chicago	3. Shamrock
5. Beer	5. Britain
8. Green	6. Orange
10. Gold	7. Parade
11. Snakes	9. Ireland

Easter

Crossword grid with answers: CHICKS, CHOCOLATE, JELLY BEANS, EGGS, CARROTS, FAMILY, HUNT, BUNNY, BASKETS, TULIPS

Answers

Across	Down
1. Bunny	2. Hunt
4. Eggs	3. Jelly Beans
5. Baskets	6. Chocolate
6. Chicks	7. Carrots
8. Tulips	9. Family

Memorial Day

Crossword grid with answers: FLAG, HONOR, ARLINGTON, MOTORCYCLES, COOKOUTS, CIVIL WAR, SUMMER, MONDAY, MAY

Answers

Across	Down
1. Motorcycles	2. Honor
5. Cookouts	3. Arlington
7. Monday	4. Flags
	5. Civil War
	6. Summer
	8. May

Nautical

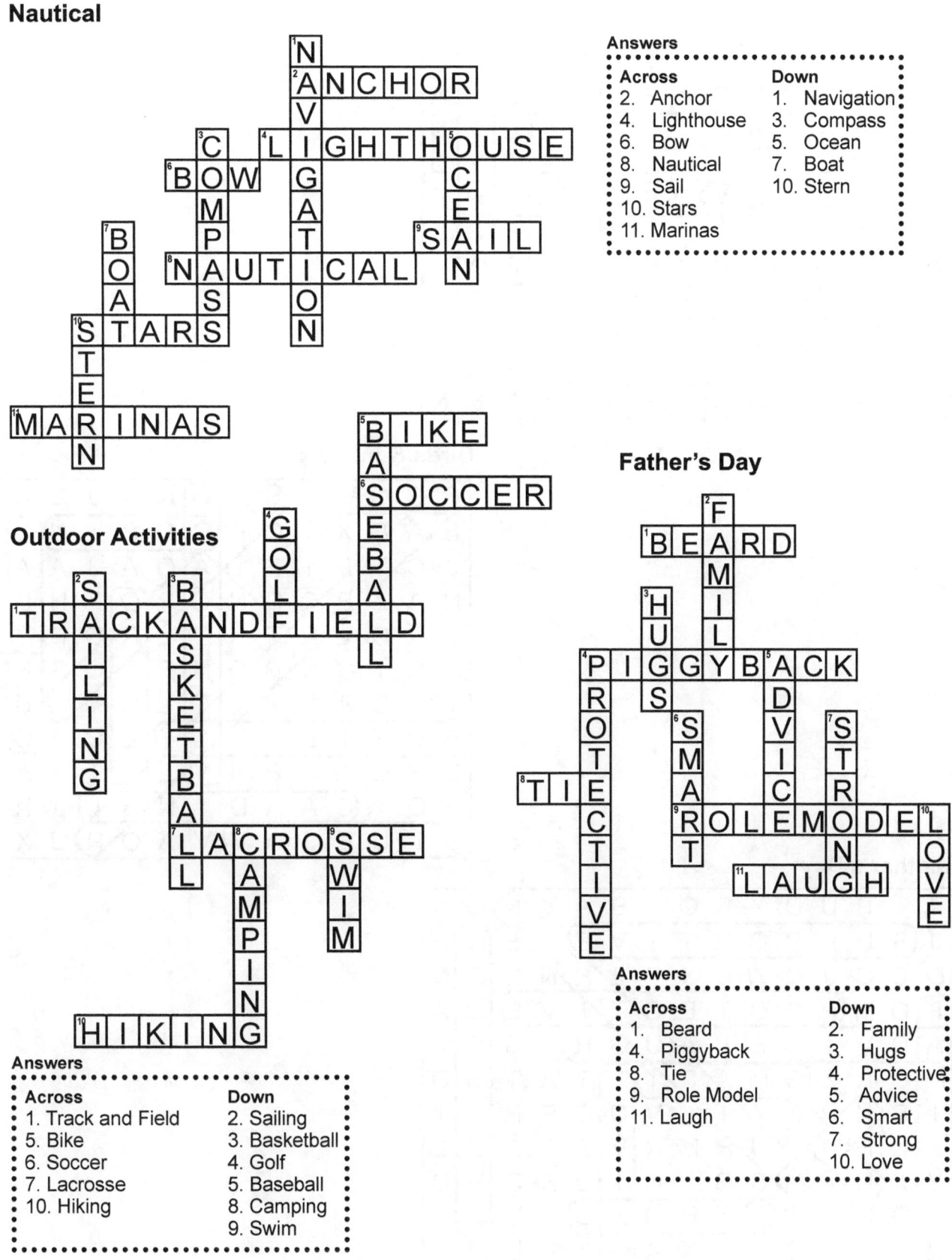

N
ANCHOR
C **LIGHTHOUSE**
BOW | **I**
O | **G** | **O**
B | **A** | **C**
O | **M** | **T** | **SAIL**
NAUTICAL | **E** | **A**
A | **S** | **N**
STARS
E
MARINAS
N

Outdoor Activities

BIKE
A
SOCCER
G | **S**
O | **E**
S | **L** | **B**
TRACKANDFIELD
A | **S** | **L**
I | **K**
L | **E**
I | **T**
N | **B**
G | **A**
LACROSSE
L | **A** | **W**
M | **I**
P | **M**
I
N
HIKING

Father's Day

F
BEARD
A
H | **M**
U | **I**
PIGGYBACK
R | **S** | **D**
O | **SMART** | **V** | **S**
TIE | **I** | **T**
C | **ROLEMODEL** | **R** | **L**
T | **N** | **O**
I | **LAUGH** | **V**
V | **E**
E

ANSWERS: Word Finds

Flowers

```
L A S D G Z L I T L E A S O D
I D E L Y C P A E S B P B Z A
L T A S M A R I G O L D U T N
Y I G O E H D C Z T U E T Y D
D A L B A B Y S B R E A T H E
L A I S C S T Z L E B A E S L
M Q Z L I Y Z U K J E F R W I
V N G A R O S E L I L A C S O
F U D V L A F J C I L B U S N
R R K U D E I L A N P L P E Y
Q P G L Z D A F F O D I L E N
```

Birds & Insects

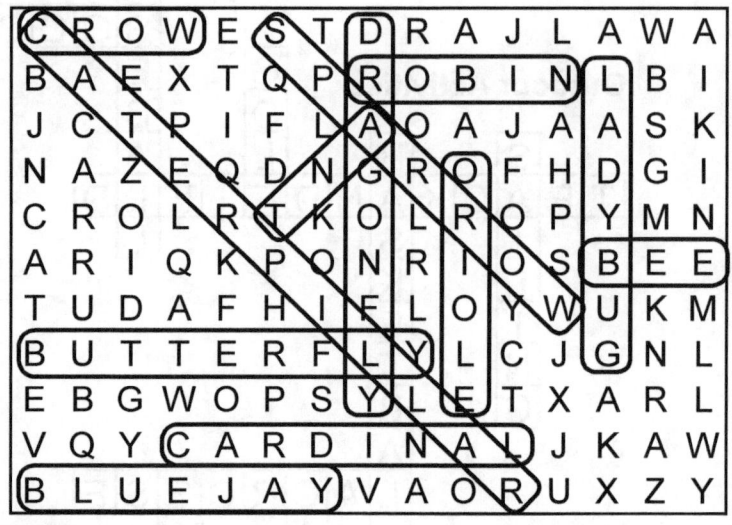

```
C R O W E S T D R A J L A W A
B A E X T Q P R O B I N L B I
J C T P I F L A O A J A A S K
N A Z E Q D N G R O F H D G I
C R O L R T K O L R O P Y M N
A R I Q K P O N R I O S B E E
T U D A F H I E L O Y W U K M
B U T T E R F L Y L C J G N L
E B G W O P S Y L E T X A R L
V Q Y C A R D I N A L J K A W
B L U E J A Y V A O R U X Z Y
```

Mother's Day

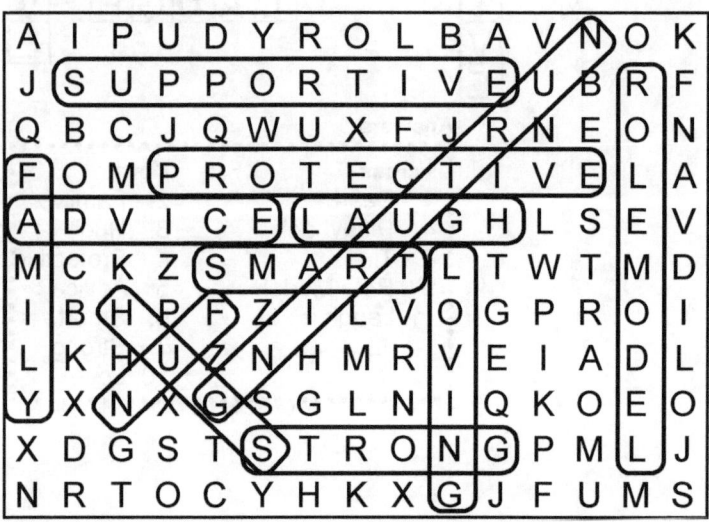

```
A I P U D Y R O L B A V N O K
J S U P P O R T I V E U B R F
Q B C J Q W U X F J R N E O N
F O M P R O T E C T I V E L A
A D V I C E L A U G H L S E V
M C K Z S M A R T L T W T M D
I B H P F Z I L V O G P R O I
L K H U Z N H M R V E I A D O
Y X N X G S G L N I Q K O E O
X D G S T R O N G P M L J
N R T O C Y H K X G J F U M S
```

Treats

```
W A T E I A J A S B L U X C A
B A E G C A N T A L O U P E H
I O T Q E U Y A F U J N O C N
Z J Q E C X A K H E Z S P H X
E N P G R A P E S B F M S R S
I S U E E M P L V E K O I W S
M M C L A K E T O R I O D L U
W O G A M K I L B R M T L U S
Y R D T E J L W O Y O H E T H
L E R O V K G S I N B I S P H
A S T R A W B E R R I E S M Y
```

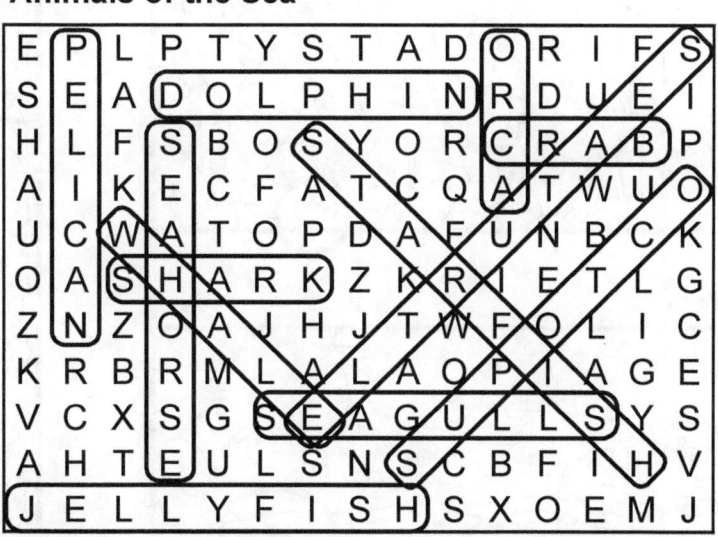

Animals of the Sea

```
E P L P T Y S T A D O R I F S
S E A D O L P H I N R D U E I
H L F S B O S Y O R C R A B P
A I K E C F A T C Q A T W U O
U C W A T O P D A F U N B C K
O A S H A R K Z K R I E T L G
Z N Z O A J H J T W F O L I C
K R B R M L A L A O P I A G E
V C X S G S E A G U L L S Y S
A H T E U L S N S C B F I H V
J E L L Y F I S H S X O E M J
```

Camping

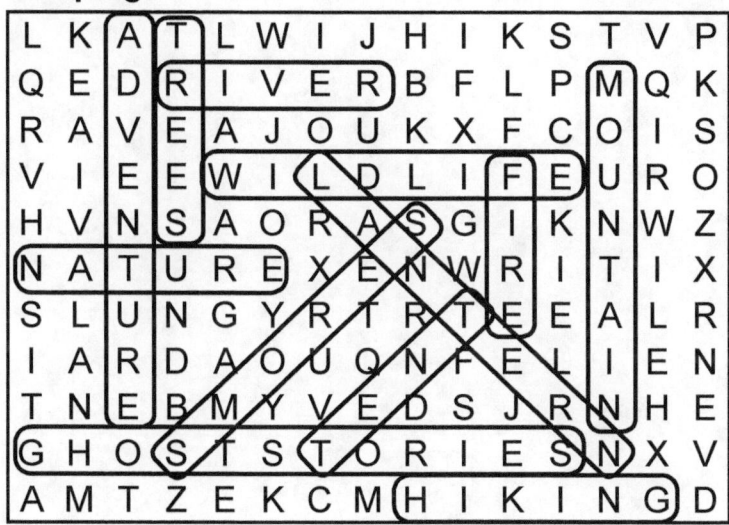

```
L K A T L W I J H I K S T V P
Q E D R I V E R B F L P M Q K
R A V E A J O U K X F C O I S
V I E E W I L D L I F E U R O
H V N S A O R A S G I K N W Z
N A T U R E X E N W R I T I X
S L U N G Y R T R T E E A L R
I A R D A O U O N F E L I E N
T N E B M Y V E D S J R N H E
G H O S T S T O R I E S N X V
A M T Z E K C M H I K I N G D
```

ANSWERS: Object Find

Garden

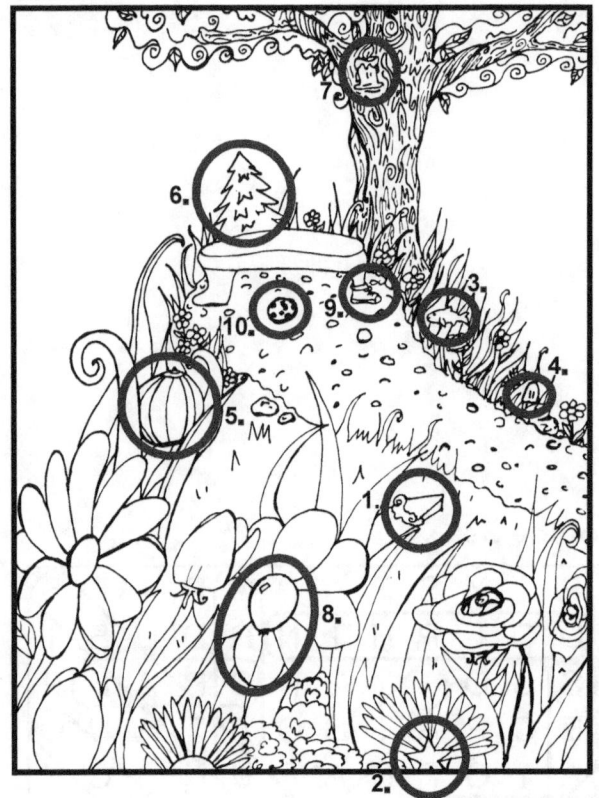

Beach

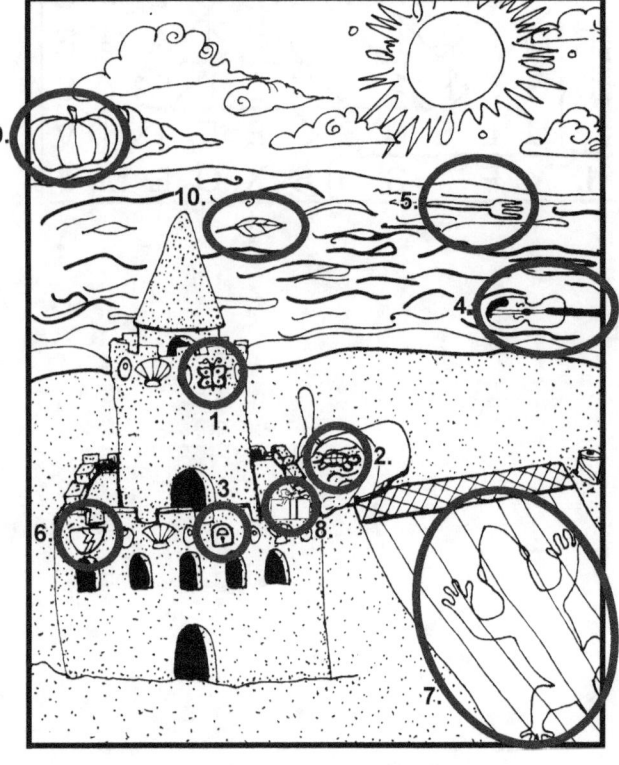

Forest

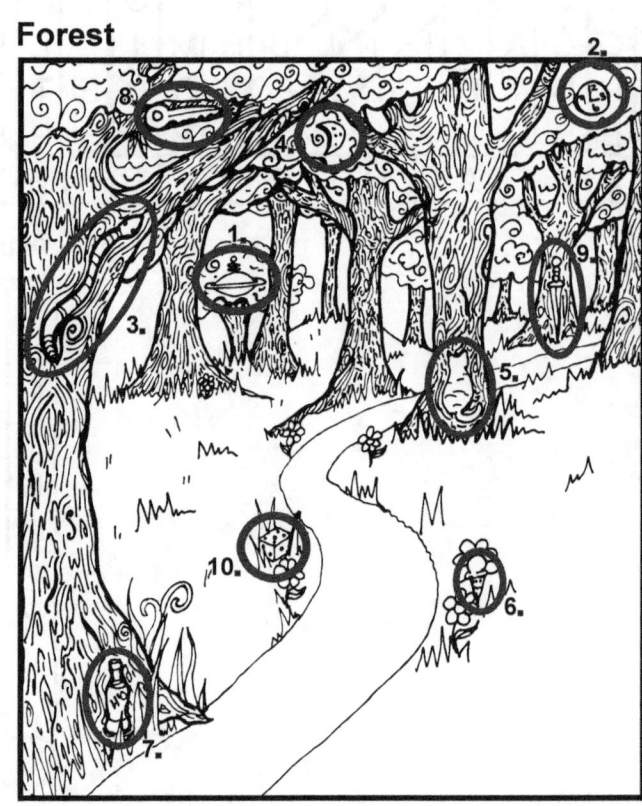

Sunken Treasure

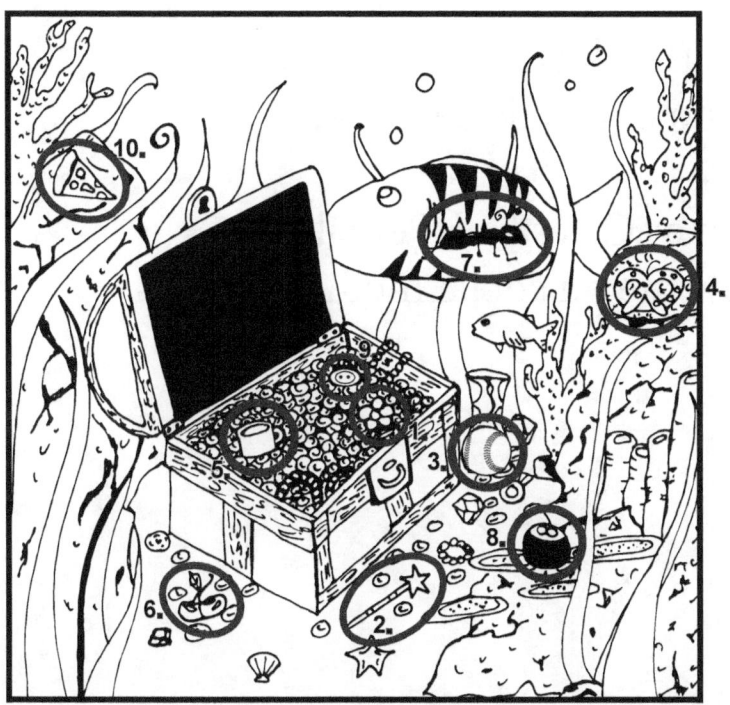

Cooler

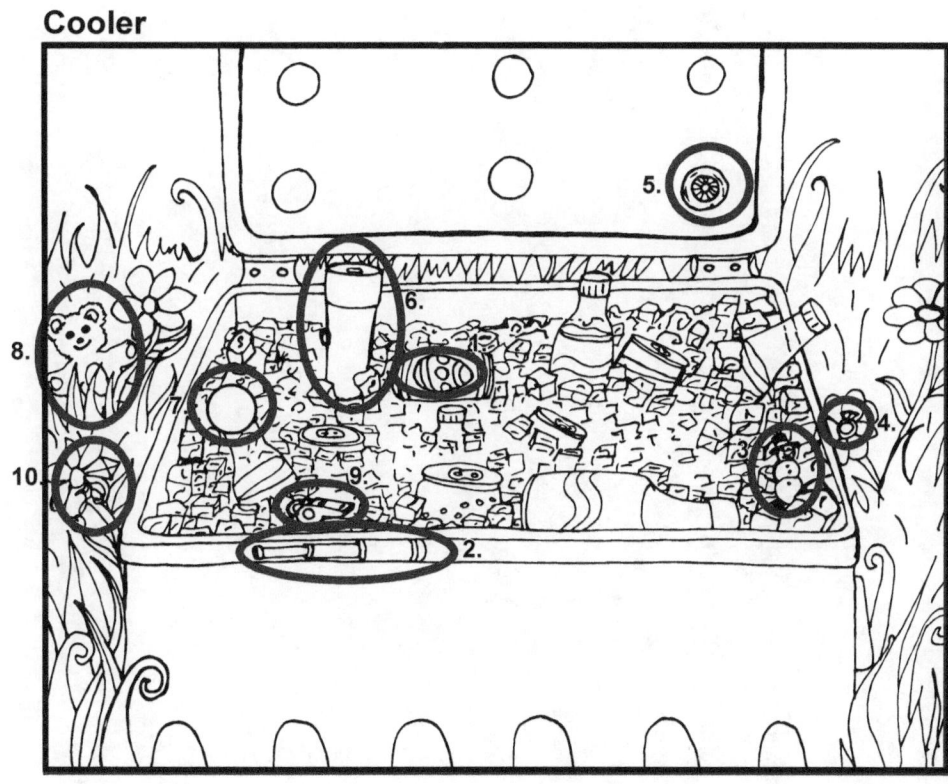

Thank you!
I hope you enjoyed the book.

Please visit www.CelestrialsPencil.com
and follow me on social media.